SARAH BUDE

Das Pferdebuch für Kids

UMGANG • PFLEGE • REITEN

Hier kannst du ein Bild von dir und deinem Lieblingspferd einkleben.

KOSMOS

1. Das Leben der Pferde

2. Das Pferde 1 x 1

Auf dem Rücken der Pferde

3.

Das Glück der (Pf)erde

4.

Das Leben der Pferde

Wie aus dem wilden Tier ein vertrauter Freizeitpartner wurde

1.

URPFERDCHEN

Die Vorfahren unserer Pferde lebten in waldreichen Gebieten.

WILDE PFERDE

Pferde begleiten den Menschen schon seit vielen tausend Jahren. Doch im Vergleich dazu, wie lange es Pferde schon auf der Erde gibt, ist dies nur ein kurzer Augenblick. Die Vorfahren unserer heutigen Hauspferde lebten bereits vor über 60 Millionen Jahren, lange bevor es die ersten Menschen gab.

Die Urpferde sahen jedoch ganz anders aus: Sie waren viel kleiner und ähnelten eher einem Hirsch. Sie lebten vorwiegend im Wald und Sumpf, deshalb hatten sie auch keine Hufe, sondern Zehen: Das schützte sie vor dem Einsinken. Ihre Zähne waren deutlich kleiner, sodass sie nur zarte Blätter von den Bäumen zupfen konnten. Im Laufe der Evolution wurden die Urpferde immer größer, sie mussten mehr fressen und zogen in die Steppe, eine baumlose Graslandschaft. Hier war der Boden härter, sodass sich aus den Zehen Hufe entwickelten. Auch die Zähne wurden größer, damit die Tiere besser Gras rupfen konnten.
Anhand von Ausgrabungen und gefundenen Skeletten wissen wir heute, dass die Vorfahren unserer Pferde ihren Ursprung in Nordamerika hatten und dann über Alaska und Sibirien nach Europa gelangten.
Der direkte Vorfahre unseres Hauspferdes lebte vor ungefähr zwei Millionen Jahren. Er war etwa 1,50 Meter groß, hatte eine Stehmähne und einen Aalstrich, das ist ein dunkler Strich entlang des Rückens. Von ihm stammt auch das bekannte Przewalski-Pferd ab, ein Wildpferd, das heute noch in einigen Naturreservaten und Zoos lebt. Vielleicht hast du es schon einmal gesehen?

WILDPFERDE MITTEN IN DEUTSCHLAND?

Heutzutage gibt es leider kaum noch wild lebende Pferde, da ihr Lebensraum immer kleiner wird. Die meisten Wildpferde werden bejagt und eingefangen. Die berühmtesten wild lebenden Pferde sind wohl die Mustangs in Amerika. Aber hast du gewusst, dass es auch in Deutschland noch wild lebende Pferde gibt? Seit dem 13. Jahrhundert lebt bei Dülmen in Nordrhein-Westfalen eine halbwilde Ponyrasse in einem großen Naturschutzgebiet: die Dülmener Wildpferde.

INFO

Grob lassen sich Säugetiere in zwei Kategorien einteilen: Raub- und Fluchttiere. Raubtiere wie Wölfe und Löwen jagen andere Tiere, um sich von ihnen zu ernähren. Fluchttiere dagegen sind Pflanzenfresser und jagen keine anderen Tiere. Hasen, Rehe und auch Pferde zählen dazu. Sie gehören zu den Gejagten. Als Fluchttiere haben sie sehr feine Sinne und schnelle Reflexe, das rettet ihnen in der Natur oft das Leben.

PRZEWALSKI-PFERDE

Der Aalstrich auf dem Rücken zeigt, dass diese Pferde eng mit Wildpferden verwandt sind.

AUS DEM LEBEN EINES WILDPFERDES

Um das Verhalten und die Bedürfnisse unserer heutigen Hauspferde zu verstehen, müssen wir wissen, wie sie früher in der Wildnis gelebt haben. Wilde Pferde leben in einer Herde zusammen. Sie sind sehr widerstandsfähig: Sie ertragen Hitze, Kälte und auch Hunger.

GUCK MAL!

In der Wildpferdeherde sind die Fohlen ganz selbstverständlich dabei.

★★★

Wichtig ist das soziale Gefüge in der Herde, denn um in der Natur zu überleben, müssen die Tiere zusammenhalten. Eine Pferdeherde ist immer eine Familie. Es gibt einen Leithengst und mehrere Stuten sowie die Fohlen und Jungpferde der letzten Jahre. Erst wenn die jungen Pferde ein bestimmtes Alter erreicht haben, werden sie von dem Leithengst verjagt. Der Leithengst ist für die Bewachung und Verteidigung zuständig. Auch bei den Stuten gibt es eine Leitstute. Sie führt die Herde zu Futter- und Wasserstellen und warnt bei Gefahr.

FUTTERN, FUTTERN, FUTTERN In der Natur legt eine Pferdeherde jeden Tag bis zu 30 Kilometer zurück. Meist zieht sie in gemächlichem Schritt durch die Steppe und legt immer wieder Fresspausen ein. Damit verbringt die Herde etwa drei Viertel des Tages.

GUTE NACHT Zum Schlafen legen sich Pferde hin, meist strecken sie dabei alle Beine von sich und legen auch den Kopf ab. In der Wildnis ist das sehr gefährlich, deshalb wechseln sich die Pferde in einer Herde ab: Während einige schlafen, passen die anderen auf, ob keine Raubtiere kommen. Geschlafen wird täglich nicht länger als vier Stunden. Um sich trotz des wenigen Schlafs gut zu erholen, verbringen Pferde auch tagsüber viel Zeit mit Dösen: Das Pferd steht mit gesenktem Kopf und geschlossenen Augen, meist ist ein Hinterbein entlastet. Vielleicht hast du das schon einmal beobachtet.

SPIEL, SPASS UND KUSCHELN Spiel und Spaß darf auch in der Pferdefamilie nicht zu kurz kommen. Beim spielerischen Kämpfen lernen die jungen Pferde für ihr späteres Leben. Hier wird meist ordentlich gequiekt, gezwickt und gerannt. In jeder Herde entstehen Freundschaften: Mit Freunden wird gegenseitige Fellpflege betrieben, man krault und beknabbert einander und passt besonders gut auf den Freund auf.

INFO

PFERDE BEOBACHTEN AUF DER WEIDE

Um dein Pferd und seine Herde besser kennenzulernen, nimm dir einmal eine Stunde Zeit, setz dich an den Rand der Weide und beobachte einfach nur: Stehen die Pferde immer zusammen? Erkennst du, wer der Chef ist? Welche Pferde verstehen sich besonders gut? Anschließend kannst du jemanden, der die Pferdeherde gut kennt, fragen, ob deine Vermutungen richtig sind.

VOM WILDTIER ZUM NUTZTIER ZUM HAUSTIER

Bis zum Ende der letzten Eiszeit vor ungefähr 12.000 Jahren hatten sich Wildpferde auf der ganzen Welt ausgebreitet. Es gab sie in Asien, Südamerika und Afrika. Je nach Lebensraum entwickelten sie sich aber unterschiedlich.

Menschen bejagten die Wildpferde zunächst, um sich von ihrem Fleisch zu ernähren, doch sie merkten schon bald, dass sie die Tiere auch für andere Zwecke nutzen konnten. Sie begannen, die Wildpferde zu fangen, sie zu zähmen und nach verschiedenen Merkmalen und für unterschiedliche Zwecke zu züchten. So entstanden auf der Welt die vielen Pferderassen (siehe Seite 12).

PFERDE ALS TRANSPORTMITTEL

Stell dir vor, die früheren Könige hätten keine Pferde gehabt! Wie hätten sie ihr Reich regieren sollen? Wie hätten sie Nachrichten überbringen sollen? Ohne Pferde hätten sich viele Reiche gar nicht erst ausbreiten und entwickeln können, denn die Pferde wurden auch für Kriege eingesetzt. Vor der

POWER
Pferde wurden bis vor 100 Jahren viel für Arbeitszwecke eingesetzt.
★★★

Erfindung der Eisenbahn und des Autos wurden die meisten Waren mit Pferdekutschen transportiert. Auch Menschen reisten zu Pferd oder in der Kutsche.

PFERDE IN DER (LAND-)WIRTSCHAFT

Ohne Pferde wäre die Geschichte der Menschheit gewiss anders verlaufen. Durch den Einsatz von Pferden in der Landwirtschaft konnte mehr angebaut und geerntet werden. Die Menschen hatten mehr zu essen.

Pferde wurden auch dazu genutzt, große Baumstämme aus dem Wald zu ziehen (Rückepferde) und Rinderherden zu hüten (Cowboypferde). Mit Pferden konnten Menschen große Tiere wie Hirsche und Wölfe jagen (Jagdpferde), und sogar in Bergwerken unter der Erde wurden sie eingesetzt, um die Kohle zu transportieren (Grubenpferde). Pferde haben also wesentlich zur wirtschaftlichen Entwicklung und zu unserem heutigen Wohlstand beigetragen. Vielen Dank, liebe Pferde!

INFO

PS – AUTOS UND PFERDE

Wusstest du, dass bis heute die Leistung von Maschinen in der Maßeinheit Pferdestärke (PS) gemessen wird? Die Pferdestärke wurde 1783 von dem Ingenieur James Watt definiert. Er entwickelte die Dampfmaschine, die in Bergwerken eingesetzt werden sollte, um Wasser an die Oberfläche zu pumpen. Bis dahin hatten Pferde diese Pumpen angetrieben. Die Dampfmaschine von Watt war jedoch viel effektiver und schneller als ein Pferd. Um die Bergwerksbesitzer von seiner Maschine zu überzeugen, brauchte Watt ein Vergleichsmaß, und so erfand er die Maßeinheit Pferdestärke. Sie stand für die Leistung, die ein Pferd über längere Zeit erbringen konnte: Innerhalb von einer Sekunde konnte es ein Gewicht von 75 Kilogramm einen Meter hochheben.
Später wurde die Einheit PS auch für andere Maschinen wie Automotoren verwendet – bis heute.

PFERDERASSEN

Hast du schon mal vom Brumby, vom Achal-Tekkiner, vom Percheron oder vom Knabstrupper gehört? Das sind alles Pferderassen, die der Mensch im Laufe der Jahre gezüchtet hat.

Wie du jetzt schon weißt, gab es Wildpferde auf fast allen Kontinenten. Mal lebten sie im Gebirge, mal in der Steppe, mal in der Wüste. Auch die Menschen brauchten Pferde für unterschiedliche Zwecke. In den Bergen mussten die Pferde klein und trittsicher sein mit guten Hufen, für die Arbeit auf dem Acker wurden große, kräftige Pferde benötigt. Und Cowboypferde mussten schnell und wendig sein, um die Viehherden zu hüten. So entstanden sehr viele Pferderassen mit unterschiedlichem Aussehen und verschiedenen Eigenschaften.

Alle Pferderassen lassen sich in vier Kategorien einteilen:

PONYS Ponys sind kleine Pferde. Ihr Stockmaß, das ist die Höhe vom Huf bis zum Widerrist (siehe Seite 26), darf nicht größer als 1,48 Meter sein. Sie sind meist kompakter und haben große Ähnlichkeit mit den ursprünglichen Wildpferden. Bekannte Ponyrassen sind Shetlandponys, Isländer, Connemara-Ponys, Fjordpferde und Haflinger. Da viele Ponys einen ausgeprägten Schopf haben, das sind die Haare zwischen den Ohren auf der Stirn, spricht man beim Menschen auch von einer Ponyfrisur, wenn ihnen Haare auf die Stirn fallen. Hast du einen Pony?

VIELFALT
Ob groß oder klein: Beides sind vollwertige Pferde!

KALTBLÜTER Kaltblüter sind in der Regel eher gemächlich und gutmütig, obwohl sie häufig sehr groß und schwer sind. Einige Kaltblutrassen sind über 1,80 Meter im Stockmaß und wiegen über eine Tonne. Sie wurden zum Ziehen schwerer Lasten gezüchtet. Schwarzwälder, Percheron, Rheinisch-Deutsches Kaltblut, Schleswiger, Noriker und Ardenner sind Kaltblut-Pferderassen.

WARMBLÜTER Auch Warmblüter sind groß, wenn auch nicht so schwer wie Kaltblüter. Sie wurden früher überwiegend in der Landwirtschaft und als Kutschpferde eingesetzt. Heute sieht man sie auf vielen Dressur- und Springturnieren. Deutschland ist übrigens berühmt für seine Warmblutpferde: Fast jedes Bundesland hat ein eigenes Landesgestüt, wo Warmblüter gezüchtet werden. Äußerlich kann man sie nicht mehr voneinander unterscheiden, wohl aber an ihren Eigenschaften: Traditionell sind beispielsweise Holsteiner gute Springpferde und Hannoveraner sehr dressurbegabt. Fallen dir noch mehr deutsche Warmblutrassen ein?

VOLLBLÜTER Vollblüter gelten als edel und temperamentvoll mit feurigem Gemüt und sensiblem Charakter. Alle Vollblüter gehen auf das Arabische Vollblut zurück, das seit über 1.500 Jahren im Orient gezüchtet wird. Um auch Ponys und Warmblüter edler und temperamentvoller zu züchten, wurden und werden Vollblüter eingekreuzt.

INFO

Wundere dich übrigens nicht, wenn du verschiedene Pferderassen streichelst: Alle Pferde haben die gleiche Temperatur. Mit den Kategorien Kalt-, Warm- und Vollblut wird lediglich versucht, das Temperament der verschiedenen Pferde einzuteilen.

DIE BUNTE WELT DER PFERDE

Bei Wildpferden ist die Fellfarbe zur besseren Tarnung an den Lebensraum angepasst. Raubtiere konnten sie in der Steppenlandschaft so nicht gut erkennen. Durch Zucht gibt es heute eine Vielfalt an Farben und Abzeichen.

RAPPE Ein Rappe ist ein komplett schwarzes Pferd, sowohl das Fell als auch das Langhaar von Mähne und Schweif sind schwarz. Der Begriff stammt vom Raben ab, einer ebenfalls komplett schwarzen Vogelart. Einige Rappen sind nur im Sommer schwarz und im Winter wird das Fell bräunlich. Diese Pferde nennt man Sommerrappen.

BRAUNER Bei einem braunen Pferd ist nur das Fell braun, Mähne und Schweif sind hingegen schwarz. Das braune Fell kann sehr unterschiedlich gefärbt sein, von hellbraun bis schwarzbraun. Braun ist die häufigste Pferdefarbe und sie kommt bei fast allen Rassen vor.

SCHIMMEL Ein weißes Pferd ist ein Schimmel. Es wird als dunkles Fohlen geboren und im Laufe seines Lebens immer heller. Daher spricht man auch von Rapp-, Grau- und Apfelschimmeln. Manche Schimmel haben kleine schwarze Punkte im Fell, diese Farbe nennt sich Fliegenschimmel.

FUCHS Füchse haben wie unser heimischer Rotfuchs ein rotbraunes Fell. Auch das Langhaar ist rotbraun. Je nachdem, wie hell oder dunkel die Farbe ist, werden Hellfüchse, Kupferfüchse, Kohlfüchse und Dunkelfüchse unterschieden. Ist die Mähne heller als die Fellfarbe, wie beim Haflinger, spricht man von Lichtfüchsen.

SCHECKE Das Fell eines Schecken setzt sich aus Weiß und einer weiteren Grundfarbe zusammen. Je nach Farbton gibt es Fuchsschecken, Braunschecken und Rappschecken. Ein Pferd mit großen, klar abgegrenzten Tupfern, wie bei Pippi Langstrumpfs „Kleiner Onkel", ist ein Tigerschecke.

ABZEICHEN

Pferde können im Gesicht und an den Beinen Abzeichen haben. Das sind angeborene, weiße Stellen in verschiedenen Größen und Formen am Kopf, am Körper und an den Beinen des Pferdes. Falls es in deinem Reitstall mehrere Rappen oder Braune gibt, können dir die verschiedenen Abzeichen helfen, sie zu unterscheiden. Die häufigsten Abzeichen im Gesicht sind Flocke, Stern, Blesse, Schnippe und Laterne. An den Beinen unterscheidet man je nach Höhe des Abzeichens weiße Krone, weiße Fessel, weißer Fuß oder weißer Stiefel. Manche Pferde haben auch dunkle Abzeichen, zum Beispiel einen Aalstrich auf dem Rücken.

INFO

EIN GUTES PFERD HAT KEINE FARBE

Klar, jeder von uns hat eine Lieblingsfarbe. Manche mögen Blau, manche Grün, manche Rot. Bei Pferden mag der eine Mensch lieber Rappen, der andere lieber Tigerschecken. Die Farbe eines Pferdes hat aber keinen Einfluss auf seine Reiteigenschaften oder den Charakter. Daher besagt ein altes Reitersprichwort auch: Ein gutes Pferd hat keine Farbe.

DIE PFERDESINNE

Wie der Mensch verfügt das Pferd über fünf Sinnesorgane. Als Fluchttier sind seine Sinne besonders gut ausgeprägt, um Gefahren schon auf weite Entfernungen schnell zu erkennen. Auch bei der Kommunikation mit Artgenossen und mit uns Menschen nimmt das Pferd dank seiner Sinne feinste Veränderungen in der Körperhaltung wahr und reagiert darauf.

AUGEN Die Augen des Pferdes sitzen seitlich am Kopf. So hat es einen prima Rundumblick und kann fast die ganze Umgebung sehen. Lediglich vor der Stirn und direkt hinter sich sieht es nichts. Deshalb solltest du dich einem Pferd besser von der Seite nähern, damit es nicht erschrickt.

Farben können Pferde nicht so gut wahrnehmen, auch können sie nicht so scharf sehen wie wir. Dafür registrieren sie kleinste Bewegungen in der Ferne, die bereits ausreichen können, um den Fluchtreflex auszulösen. Wenn dein Pferd also vor etwas scheut, tut es dies nicht aus Bosheit. Es sieht nur etwas, was du nicht siehst.

OHREN Das wichtigste Sinnesorgan des Pferdes ist das Ohr. Geräusche nimmt es viel lauter wahr und hört auch Laute, die unseren menschlichen Ohren verborgen bleiben. So erkennt es beispielsweise heranschleichende Raubtiere und kann sich schützen, indem es flieht.

Damit es alles gut hört, kann es seine Ohren unabhängig voneinander in alle Richtungen drehen. Selbst beim Schlafen bewegt es seine Ohren ständig hin und her und horcht die Umgebung ab. Wusstest du, dass wir Menschen früher unsere Ohren ebenfalls bewegen konnten?

NASE Auch was das Riechen betrifft, sind uns Pferde überlegen. Mit ihren feinen Nüstern, so nennt man die Nase der Pferde, können Wildpferde beispielsweise kilometerweit entfernte Wasserstellen riechen. Am Duft erkennen sie Artgenossen, weshalb sich Pferde sehr oft mit den Nasen berühren. Auch nehmen sie am Geruch wahr, ob du Angst vor ihnen hast oder nicht. Um interessante Gerüche besonders gut aufzunehmen, flehmen Pferde. Dabei nehmen sie die Oberlippe nach oben, sodass der Duft in die Maulhöhle gelangt. Hier sitzt das Jacobsonsche Organ, mit dem sie Duftstoffe besser analysieren können. Hengste sieht man oft flehmen, wenn eine Stute rossig, also paarungsbereit, ist.

MAUL Eng verbunden mit dem Geruchssinn ist der Geschmackssinn. Auf der Zunge sitzen viele Nerven, mit denen Pferde ein Futter geschmacklich analysieren können. So kann es passieren, dass sie einen Futterbissen nehmen, ihn dann aber wieder ausspucken, weil ihnen die Zunge sagt, dass es nicht schmeckt.

HAUT Das größte Sinnesorgan eines Pferdes ist die Haut. Trotz des Fells ist sie sehr sensibel, was du daran erkennst, dass es schon eine kleine Fliege bemerkt und durch Muskelzittern verscheuchen kann. Auch beim Reiten erspüren sie deine feinen Gewichtsverlagerungen und Schenkelhilfen (siehe Seite 55) und reagieren darauf.

RUND-UMSICHT

Pferde können fast ganz um sich herumsehen und Bewegungen erkennen.

★ ★ ★

GUTER RIECHER!

Pferde können Gerüche viel besser unterscheiden als wir Menschen.

★ ★ ★

MIT PFERDEAUGEN DIE WELT SEHEN

Um zu verstehen, wie Pferde die Welt sehen, nimm eine Sonnenbrille und klebe die innere Hälfte der Gläser mit Papier ab. Nun halte dir zwei Handspiegel vor das Gesicht. Am besten hast du eine Freundin dabei, die sich dir nun aus verschiedenen Richtungen nähert. Was siehst du und was nicht?

AUF-GEPASST!

Als Fluchttiere sind die Pferde auf ein gutes Gehör angewiesen.

★ ★ ★

DAS GRÖSSTE ORGAN

Die Haut schützt das Pferd vor Wettereinflüssen. Es spürt auch ganz sachte Berührungen wie das Krabbeln einer Fliege.

★ ★ ★

LASS UNS FREUNDE SEIN!

Die nach vorn gerichteten Ohren bei entspannter Maulpartie zeigen, dass das Pony freundlich ist.

★★★

SO MÖGEN PFERDE „HALLO" SAGEN: ERSTMAL SCHNUPPERN

SPRICHST DU PFERDISCH?

Erinnerst du dich? Pferde sind sehr sensibel und nehmen mit ihren Sinnen kleinste Veränderungen wahr. Wichtig für dich, als ihr Partner, ist, dass du ihre Sprache verstehst und ihr Verhalten lesen kannst. Sie sprechen mit ihrem ganzen Körper.

Po. Bei Aufregung hebt es den Schweif auch und streckt ihn nach oben. Ist das Pferd hingegen ruhig und zufrieden, baumelt der Schweif locker hin und her.

WENN PFERDE REDEN

Im Gegensatz zu uns Menschen „reden" Pferde nicht viel. Sie wiehern meist nur, wenn sie allein gelassen werden oder wenn sie auf Entfernung andere Pferde sehen. Wenn sich Pferde beschnuppern, geben sie mitunter lustige Quietschgeräusche von sich. Bei Aufregung prusten sie mit den Nüstern, was manchmal wie ein Fauchen klingt. Sind Pferde entspannt, schnauben sie immer wieder leise.

ACHTUNG, ABSTAND! Ist Pferden etwas oder jemand sehr unangenehm und sie können nicht weglaufen, treten Pferde auch mal mit den Hinterbeinen. Zunächst heben sie nur ein Bein, um zu drohen: „Verzieh dich, sonst trete ich dich!"

GESICHTSAUSDRUCK

Besonders wichtig ist der Gesichtsausdruck. Ein freundliches, interessiertes Pferd schaut mit großen, ruhigen Augen umher, die Ohren sind nach vorn gerichtet, die Nüstern sind entspannt. Ist es böse oder ihm ist etwas unangenehm, droht es mit flach nach hinten angelegten Ohren. Wenn ihm etwas gruselig ist, spannt es den ganzen Körper an, reckt den Hals weit nach oben, die Augen sind aufgerissen und die Nüstern gebläht.

SCHWEIFHALTUNG

Auch am Schweif kannst du erkennen, wie sich dein Pferd fühlt. Ist es gestresst, schlägt es viel mit dem Schweif. Mag es etwas nicht oder hat Schmerzen, klemmt es den Schweif eng an den

INFO

MENSCH UND PFERD

Bitte denk daran, dass du immer mit deinem Pferd kommunizierst, nicht nur beim Reiten. Eure Kommunikation beginnt bereits, wenn du es von der Weide oder aus der Box holst, wenn du es führst und wenn du es putzt. Du bist sein Partner und Freund und solltest es immer fair behandeln. Natürlich sollte dir das Pferd auch folgen und machen, was du möchtest. Bleibe ruhig und konsequent. Anschreien oder sogar schlagen solltest du Pferde nie. Vergiss nicht, dass Pferde Fluchttiere sind und erschrecken können. Dies tun sie nicht aus Böswilligkeit.

VOM FOHLEN ZUM PFERD

Frühlingszeit ist Fohlenzeit, denn zu dieser Jahreszeit kommt in der Regel der Pferdenachwuchs auf die Welt. In wild lebenden Pferdeherden bekommen Stuten jedes Jahr ein Fohlen. Bei unseren Hauspferden bestimmt der Mensch, welche Stute wann gedeckt wird und ein Fohlen bekommt.

PAARUNGSZEIT

Bevor ein Fohlen das Licht der Welt erblickt, muss eine Stute paarungsbereit sein. Diese Zeit nennt man Rosse. Eine Stute ist fast jeden Monat rossig, sie pinkelt dann sehr viel und riecht für Hengste besonders gut. Der Hengst deckt die Stute, indem er sie von hinten bespringt. Wenn alles geklappt hat, ist die Stute nun trächtig.

FOHLEN

Elf Monate später wird das Fohlen geboren. Schon wenige Minuten nach der Geburt kann es stehen. Das ist wichtig, denn in der Natur muss es gleich bereit zur Flucht sein. Es beginnt am Euter der Mutter zu trinken und beide prägen sich den Geruch des anderen ein. In der Herde werden sie sich nämlich am jeweiligen Duft wiedererkennen. Am schönsten für das Fohlen und für dich zum Beobachten ist es, wenn das Fohlen mit anderen Fohlen aufwächst. So können sie viel miteinander spielen und raufen und für das spätere „ernste" Leben lernen. Ansonsten genießt es das Leben und verbringt viel Zeit mit Schlafen. Wenn das Fohlen ein paar Monate alt ist, beginnt es Gras zu zupfen. Mit frühestens sechs Monaten wird das Fohlen von der Mutter abgesetzt, das heißt getrennt. Bei wild lebenden Pferdeherden bleiben Fohlen ein knappes Jahr bei ihrer Mutter.

WICHTIG FÜR JUNGSPUNDE: Spielpartner im gleichen Alter! ★★★

Spielerisch und mit viel Lob wird das Fohlen ans Führen gewöhnt. ★★★

JÄHRLING UND JUNGPFERD

Nun ist das Fohlen ein Jährling. Im Idealfall wächst es in einer Jährlingsherde mit gleichaltrigen Pferden auf. Gut ist es auch, wenn noch einige ältere Pferde in der Herde sind. Sie bringen den Jungspunden Benimmregeln bei und passen auf sie auf. In einer solchen Herde bleibt das Jungpferd, bis es drei oder vier Jahre alt ist.

In diesen ersten Lebensjahren kannst du dem Pferd das sogenannte Fohlen-ABC beibringen: Dazu gehört: ein Halfter anziehen, führen, putzen und Hufe geben.

Bevor das Pferd mit vier Jahren eingeritten wird, sollte es durch Bodenarbeit wie Longieren und Spaziergänge schon Muskeln aufgebaut haben, um einen Menschen tragen zu können. Auch das Einreiten sollte möglichst schonend passieren. Pausentage sind wichtig, ebenso wie weitere Bodenarbeit. Abwechslung ist gefragt!

ERWACHSEN Spätestens mit sieben Jahren ist ein Pferd ausgewachsen. Nun sollten seine Muskeln, Sehnen und Bänder so weit entwickelt sein, dass es Reiterinnen und Reiter problemlos tragen kann.

Damit ein Pferd lange gesund bleibt, darfst du es nie überfordern. Willst du an Turnieren oder Wanderritten teilnehmen, ist es wichtig, dein Pferd vorher zu trainieren. Schließlich läufst du auch nicht ohne Training einen Marathon, oder?

HENGST, WALLACH, STUTE

Bei Pferden gibt es zwei Geschlechter: Die weiblichen Tiere nennt man Stuten, die männlichen Hengste. Meist sind Hengste größer und kräftiger als Stuten und auch etwas draufgängerischer.

Äußerlich kann man sie schwer unterscheiden, hierzu muss man einen Blick zwischen ihre Hinterbeine werfen. Hengste haben hier einen Schlauch, so nennt man den Penis eines Pferdes, sowie zwei Hoden. Mit etwa 1,5 Jahren werden Hengste und Stuten geschlechtsreif und können Nachwuchs zeugen.

In den meisten Reitställen wirst du jedoch kaum Hengste finden, da ihre Haltung etwas schwieriger ist: Sie können nicht mit Stuten auf die Weide gelassen werden, wenn man keine Fohlen will, aber allein halten sollte man sie auch nicht. Ihre Erziehung ist anspruchsvoller, sie können sehr ungestüm und dominant sein und interessieren sich oft mehr für die Stute auf dem Reitplatz als für die Reiterin. Daher werden die meisten Hengste in jungen Jahren gelegt, das bedeutet zeugungsunfähig gemacht. Fortan heißen sie Wallache. Sie eignen sich dann ebenso wie Stuten sehr gut als Reitpferd.

ZUCHTHENGSTE

Hengst darf in der Regel nur bleiben, wer sich für die Zucht eignet. Hierfür müssen die Junghengste zunächst gekört werden, das heißt eine Zuchtprüfung erfolgreich bestehen. Nur besonders rassetypische und gesunde Hengste werden zur Körung zugelassen. Sie müssen eine Hengstleistungsprüfung ablegen, die aus mehreren Reitprüfungen beziehungsweise bei Kaltblutpferden aus Zugprüfungen besteht.

STUTE ODER WALLACH?

Magst du Stuten oder Wallache lieber? Hierüber gibt es oft wilde Diskussionen unter Reiterinnen und Reitern. Stuten gelten oftmals als stur und zickig, dafür sollen Wallache entspannt und eher faul sein. Allerdings ist der Charakter eines Pferdes auch von der Rasse abhängig, und letztendlich handelt es sich bei jedem Pferd um ein Individuum mit ganz persönlichen Eigenschaften. Was für Unterschiede kannst du zwischen den Geschlechtern feststellen?

GIB GAS!

Hengste zeigen gern, was in ihnen steckt.

★★★

Das Pferde 1 x 1

WAS DU ÜBER PFERDE WISSEN MUSST

2.

DER PFERDEKÖRPER

Kruppe, Kastanie, Widerrist, Schweifrübe … Die Körperteile des Pferdes haben recht ungewöhnliche Namen. Beim Umgang mit Pferden ist es wichtig zu wissen, was gemeint ist und wo sich die Körperteile befinden.

DAS EXTERIEUR
Körperbau des Pferdes
★★★

DAS EXTERIEUR

So nennen Pferdeexperten den Körperbau des Pferdes, also die äußerliche Erscheinung. Am Exterieur kannst du erkennen, wie alt das Pferd ungefähr ist, wie gut es bemuskelt ist und ob es sich beispielsweise für den Springsport eignet.

GELENKE, KNOCHEN, MUSKELN, SEHNEN Ein Pferd in der Natur oder auf der Weide bewegt sich sehr kräftesparend und eher langsam. Als Fluchttier ist der Körperbau des Pferdes aber auch auf Schnelligkeit ausgerichtet. Die Knochen und Gelenke sind mit festen elastischen Bändern ausgestattet, die für viel Beweglichkeit sorgen. Über 700 Muskeln halten den Pferdekörper in Gang! Besonders stark ist das Nackenrückenband, denn es trägt den schweren Pferdekopf. Es verläuft vom Genick bis zum Schweif.
Für das Reiten ist es wichtig, dass das Pferd gute Rückenmuskeln hat, denn damit trägt es die Reiterin.

DIE VERDAUUNG Die Verdauung des Pferdes beginnt im Maul. Wie wir Menschen muss es sein Futter gut kauen und einspeicheln. Durch die Speiseröhre gelangt das Futter in den Magen, wo durch den sauren Magensaft Keime abgetötet werden. Der Magen ist eher klein, weshalb es wichtig ist, dass das Pferd über den ganzen Tag verteilt viele kleine Portionen frisst. Anschließend geht das Futter in den Darm, der bei einem Pferd über 20 Meter lang ist. Mithilfe zahlreicher Darmbakterien werden die Nährstoffe aus dem Futter verdaut und verarbeitet.

BLUT, HERZ, LUNGE Damit ein Pferd sich bewegen kann, müssen alle Muskeln und Organe mit Nährstoffen und Sauerstoff versorgt werden. Dafür ist das Herz zuständig. Ein Pferd hat 45 Liter Blut, die durch den Körper gepumpt werden. Sauerstoff atmet das Pferd nur mit den Nüstern ein und nicht wie wir Menschen auch mit dem Mund. Die Lunge des Pferdes ist fast dreimal so groß wie die des Menschen.

ZEIGT HER EURE HUFE!

HARTE SCHALE, WEICHER KERN – DER PFERDEHUF

Ohne gesunde Hufe geht im wahrsten Sinn des Wortes gar nichts. Das Pferd läuft und steht auf ihnen, sie geben ihm Gefühl und sind ein Tastsinn für den Untergrund. Der Huf besteht aus Horn und wächst wie unsere Fingernägel immer nach, daher muss regelmäßig ein Hufschmied kommen und sie fachgerecht schneiden.
Pferde gehören übrigens zur Familie der Einzeher. Wie Esel und Zebras laufen sie nur auf einer Zehe.
Pferde, die sehr weiches oder brüchiges Hufhorn haben und daher empfindlich sind, oder Pferde, die viel auf harten Böden laufen, tragen oft Hufeisen.

BOX, PADDOCK, WEIDE – WIE PFERDE LEBEN

Pferde sind Herdentiere, die viel Zeit mit Fressen und Bewegen verbringen. Am artgerechtesten ist es daher, wenn ein Reiterhof die Pferde in einem sogenannten Offenstall hält. Hier gibt es einen Stall, der immer offen ist, und das Pferd kann selbst entscheiden, ob es lieber drinnen oder draußen sein möchte.

Wichtig ist, dass der Außenbereich, der Paddock, und die Weide groß genug sind und sich die Pferde auch aus dem Weg gehen können. Heu oder Gras und Wasser sollten natürlich immer zur Verfügung stehen. Diese Haltung nennt sich Robusthaltung, denn die so gehaltenen Pferde werden selten krank und sind vom Gemüt her ausgeglichen, da sie sich den ganzen Tag bewegen können und mit Artgenossen zusammenstehen: Sie sind in der Regel sehr robust.

TIPP

AUF DIE HALTUNG KOMMT ES AN

Wenn du dir einen Reitstall aussuchst, um dort Reitunterricht zu nehmen, achte nicht nur darauf, dass die Reitlehrenden nett sind, sondern auch, wie die Pferde gehalten werden: möglichst artgerecht. Dann macht das Reiten auch mehr Spaß!

DIE PFERDEBOX

In anderen Reitställen stehen die Pferde nur tagsüber auf der Weide und kommen nachts in eine Box. Hier ist es wichtig, dass die Boxen groß genug sind. Für ein Warmblut sollte die Box mindestens vier mal vier Meter groß sein, außerdem muss die Decke hoch genug sein, sodass sich das Pferd nicht den Kopf stößt. Ein Fenster ist wichtig, damit das Pferd immer frische Luft schnappen und nach draußen schauen kann. Pferde mögen es sauber, daher muss die Box jeden Tag ausgemistet werden.

BOX MIT PADDOCK

DIE WEIDE

Auf der Weide verbringen die Pferde im besten Fall die meiste Zeit des Tages. Sie muss sicher und gepflegt sein.

- Die Weide muss gut eingezäunt sein, sodass die Pferde nicht ausreißen können. Am besten eignet sich ein Elektrozaun.
- Auf der Weide sollten keine für Pferde giftigen Pflanzen wachsen. Das muss regelmäßig kontrolliert werden.
- Eine vielfältige Ernährung ist auch bei Pferden wichtig. Daher sollten auf der Weide möglichst viele verschiedene Gräser und Kräuter wachsen.
- Die Pferdeäpfel sollten regelmäßig entfernt werden, manche Weiden müssen gedüngt oder gemulcht werden. Außerdem braucht eine Weide auch einmal Ruhe, denn Pferde zertrampeln mit ihren Hufen sehr viel, gerade wenn es matschig ist. Ein Reitstall sollte daher immer mehrere Weideflächen haben.

HAUPTSACHE RAUS!
Die Weide ist Auslauf und Futterquelle in einem.

HAFER, HEU UND ÄPFEL

Pferde verbringen den Großteil des Tages mit Fressen, sie sind praktisch Dauerfresser. Wildpferde ernähren sich von Gräsern, Kräutern, Früchten, manchmal knabbern sie auch die Rinde von Bäumen an. Auch unsere Hauspferde sollten immer Zugang zu einer Weide haben, wo sie Gras fressen können.

Da auf den meisten Weiden im Winter kaum etwas wächst, müssen die Pferde mit Heu zugefüttert werden. Pferde, die in der Box oder im Paddock gehalten werden, brauchen das ganze Jahr über Heu. Als Dauerfresser sollte es ihnen rund um die Uhr zur Verfügung stehen. Sind sie satt, legen sie von selbst eine Fresspause ein.

Viele Pferde werden zusätzlich mit Hafer, Müsli, Obst und Ähnlichem gefüttert. Es kommt es auf die Rasse und auf das Training an, ob sie dieses zusätzliche Futter brauchen. Den meisten Freizeitpferden reicht Heu vollkommen aus.

Beim Pferdefutter wird zwischen Rau-, Kraft- und Saftfutter unterschieden.

Zum Raufutter zählen Heu und Stroh.

Hafer, Gerste und Mais gehören zum Kraftfutter. Gras, Äpfel, Möhren und Rüben sind dem Saftfutter zuzuordnen.

TRINKEN Wer ständig frisst, muss auch oft trinken. Der ständige Zugang zu frischem Wasser ist genauso wichtig wie Futter. Ein ausgewachsenes Großpferd trinkt ca. 40 Liter pro Tag. Das entspricht vier Kästen Mineralwasser. Wie viel trinkst du?

Das gehört nicht ins Pferdefutter:

- Zucker (achte beim Kauf von Leckerlis/Müslis auf den Zuckergehalt – so wenig wie möglich)
- Brot (weder frisch noch getrocknet)
- Milchprodukte
- Kartoffeln
- Kohl

Bevor du deinem Pferd irgendwelche außergewöhnlichen Obst- oder Gemüsesorten fütterst, frag am besten jemanden, der sich auskennt, ob Pferde das fressen dürfen.

PFERDELECKERLI-REZEPT

Um deinem Pferd eine gesunde Freude zu machen und Taschengeld zu sparen, kannst du Pferdeleckerlis auch ganz leicht selbst backen.

Apfeltaler

Du benötigst:

- 1 Kilogramm Äpfel
- 500 Gramm Haferflocken
- 2 Beutel Anis-Fenchel- oder Pfefferminztee

1. Die Äpfel mit einer Reibe fein raspeln.
2. Mit den Haferflocken und dem Inhalt der Teebeutel zu einem Teig verkneten. Er sollte möglichst fest und trocken sein, dafür musst du dich ein paar Minuten ordentlich anstrengen.
3. Aus dem Teig kleine Kugeln rollen und diese auf einem mit Backpapier ausgelegten Backblech zu Talern drücken.
4. Die Leckerlis bei 100 °C im Ofen ca. 1,5 Stunden backen. Sie sollen trocken und hart sein, aber nicht zu braun.
5. Anschließend die Taler auskühlen und noch einmal 24 Stunden nachtrocknen lassen.
6. Luftdicht und trocken gelagert halten die Leckerlis ungefähr eine Woche.

Viel Spaß beim Backen und guten Appetit für dein Pferd!

FOLGE MIR!

Mit gut erzogenen Pferden lässt sich prima spazieren gehen.

★★★

DER UMGANG MIT DEM PFERD

Bevor es ans Reiten geht, musst du wissen, wie du richtig mit einem Pferd umgehst. Wie sollst du dich einem Pferd nähern, wie ein Halfter anlegen, es führen und anbinden? Vertrauen ist das Wichtigste, damit du dich mit deinem Pferd gut verstehst.

Das Pferd muss dir vertrauen, damit es dir folgt. Aber auch du musst dem Pferd vertrauen und darfst nicht unsicher und ängstlich sein. Im Kapitel „Sprichst du Pferdisch?" hast du bereits gelernt, wie wichtig die Körpersprache im Umgang mit dem Pferd ist.

ANNÄHERN Bevor du dich deinem Pferd näherst, beobachte es eine Weile. Wie ist seine Laune? Ist es entspannt? Was sagen die Ohren? Wenn du es aus der Box oder von der Weide holst, nähere dich von der Seite, damit dein Pferd dich gut erkennt. Nimm dir Zeit und bewege dich ruhig und ohne hektische

DAGEBLIEBEN!
Verwende einen Sicherheitsknoten, um dein Pferd anzubinden.
★★★

Bewegungen. Rede leise mit ihm und lass es dich erst beschnuppern. Sollte das Pferd vor dir weglaufen oder dir die Hinterhand zudrehen, gehe nicht weiter: Das Pferd möchte nicht von dir angefasst werden. Suche dir Unterstützung von Menschen, die das Pferd gut kennen.

DAS HALFTER ANLEGEN

Damit du dein Pferd führen und anbinden kannst, muss es ein Halfter tragen. Um ihm das Halfter anzulegen, stelle dich links neben die Pferdeschulter. Prüfe, ob die richtigen Schnallen am Halfter geöffnet sind und nichts verdreht ist. Lege den Führstrick über den Pferdehals. Als Erstes muss die Nase ins Halfter schlüpfen, ziehe anschließend den Genickriemen vorsichtig über die Ohren. Schließe die Schnalle am Kehlriemen und prüfe, ob alles richtig sitzt (siehe Umschlagklappen).

PFERDE FÜHREN Gehe links vom Pferd und halte den Führstrick locker, ca. drei Handbreit unter dem Pferdemaul in deiner rechten Hand. Das Ende hältst du zusammengefaltet in deiner linken Hand, es sollte niemals auf dem Boden schleifen, damit du nicht stolperst. Laufe bestimmt und zielstrebig vorwärts, so vermittelst du deinem Pferd Sicherheit. Es sollte dich beim Führen nicht überholen und dich nicht irgendwohin ziehen – auch nicht zu einem leckeren Grasbüschel.

ANBINDEN

Zum Anbinden verwende immer einen stabilen Pfosten oder einen eingemauerten Ring. Räume Mistgabeln, Eimer und alle anderen Gegenstände weg. Das Pferd könnte sich stoßen oder die Gegenstände könnten umfallen, sodass es erschrickt. Binde es nicht zu kurz und nicht zu lang an, das ist abhängig von der Größe des Pferdes. Ist es zu eng angebunden, kann es in Panik geraten; ist es zu lang angebunden, kann es sich im Strick verheddern.

Als Anbindeknoten verwende einen Sicherheitsknoten. Er muss so stabil sein, dass das Pferd ihn nicht öffnen kann, aber er muss sich auch blitzschnell wieder lösen lassen, falls das Pferd in Panik gerät.

LOBEN, LOBEN, LOBEN

Beim Umgang mit Pferden ist es wichtig, sie oft und richtig zu loben. Das sorgt für Motivation und Vertrauen. Mit einem Lob zeigst du deinem Pferd, dass es etwas richtig gemacht hat. Loben kannst du mit der Stimme, mit Streicheleinheiten, mit einem Leckerli, eigentlich mit allem, was dein Pferd mag. Wichtig ist, dass das Lob schnell erfolgt. Nach einem korrekten Verhalten hast du nur drei Sekunden Zeit, sonst verbindet das Pferd es nicht mehr mit dem gezeigten Verhalten.

PUTZEN, STRIEGELN, BÜRSTEN

Erst die Arbeit, dann das Vergnügen: Wenn du dein Pferd von der Weide oder aus dem Stall holst, musst du es erst einmal putzen, bevor du es reiten kannst. Aber diese Arbeit macht auch viel Spaß und du lernst dein Pferd besser kennen. Es schafft Vertrauen.

Die meisten Pferde werden gern geputzt, es fühlt sich für sie an wie eine kleine Massage.
Zum Putzen solltest du das Pferd an einem hierfür vorgesehenen Putzplatz anbinden. In manchen Reitställen ist dieser in der Stallgasse, in anderen draußen.

STRIEGELN
Für Kinderhände gibt es kleinere Striegel aus Gummi. Mit denen lässt sich das Pferd gern putzen.

DIE WICHTIGSTEN UTENSILIEN ZUM PUTZEN

STRIEGEL Ein Striegel ist entweder aus Gummi oder Metall und dient dem Entfernen von grobem Schmutz. Putze mit ihm kreisförmig vom Hals abwärts über Bauch und Rücken bis zur Kruppe. Klopfe dabei den Striegel immer wieder am Boden aus, um den Schmutz zu entfernen.

KARDÄTSCHE Mit dieser Bürste entfernst du nun den zuvor gelösten Schmutz, indem du in Fellrichtung über das Pferd streichst. Reibe die Kardätsche immer wieder am Striegel, um den Staub zu entfernen.

WURZELBÜRSTE Die Borsten dieser Bürste sind etwas härter. Sie eignet sich, um die Beine des Pferdes zu putzen.

MÄHNENKAMM Mit einem Mähnenkamm oder einer Mähnenbürste kannst du die Mähne und den Schopf deines Pferdes schön seidig kämmen. Auch den Schweif kannst du mit einer Mähnenbürste pflegen.

HUFKRATZER Er eignet sich zum Reinigen der Hufe. Ihn benutzt man vor und nach dem Reiten.

ALLES DRIN
In diese kleine Kiste passt alles rein, was du zum Putzen brauchst.

ALLES SAUBER?
Hufe auskratzen ist wichtig, damit sich keine Steinchen ins Horn drücken, die dem Pferd wehtun können.

SCHWAMM Mit einem Schwamm kannst du das Gesicht putzen. Sei besonders vorsichtig, wenn du Schmutz am Auge und an den Nüstern entfernst. Du kannst auch einen Lappen nehmen oder eine sehr weiche Bürste. Falls dein Pferd nach dem Reiten verschwitzt ist, kannst du den Schwamm auch dazu nehmen, es mit lauwarmem Wasser abzuwaschen.

HUFE KRATZEN – SO GEHT'S

- Beginne immer mit einem Vorderbein. Stelle dich mit Blick nach hinten neben das Pferdebein. Streiche mit deiner Hand am Bein hinunter bis zur Fessel und gib dabei das Kommando: „Huf". Falls dein Pferd den Huf nicht geben will, kannst du dich vorsichtig gegen das Bein lehnen.
- Eine Hand hält nun den Huf, während du mit der anderen den Huf auskratzt. Säubere vor allem die Furchen neben dem Strahl, das ist das keilförmige Polster in der Mitte des Hufs. Kontrolliere den Rand auf Steinchen.
- Wenn du fertig bist, lässt du den Huf behutsam los und sagst dabei: „Ab".
- An den Hinterbeinen gehst du zunächst genauso vor wie an den Vorderbeinen. Beim Anheben ziehst du den Huf vorsichtig ein Stück nach hinten und stützt ihn auf deinem Oberschenkel ab. So ist es leichter und du kannst mit dem Kratzen beginnen.
- Ist dir das Hufe-Auskratzen zu schwer oder dein Pferd will den Huf nicht geben, bitte jemanden im Stall um Hilfe.

NACH DEM REITEN

Eine wichtige Stallregel lautet: Erst das Pferd, dann der Reiter! Das heißt, auch wenn du dich nach dem Reiten am liebsten erstmal ausruhen willst, musst du immer zuerst dein Pferd versorgen. Du musst noch einmal die Hufe säubern und nachschauen, ob sich dort keine Steinchen befinden. Bei warmem Wetter und falls dein Pferd geschwitzt hat, kannst du es auch mit einem nassen Schwamm abwischen oder ihm mit einem Gartenschlauch die Beine abspritzen.

WENN PFERDE KRANK SIND

Auch wenn wir unsere Pferde noch so artgerecht halten, sie pflegen und verwöhnen und mit dem besten Futter versorgen, irgendwann kann jedes Pferd einmal krank werden. Wenn dir irgendetwas an deinem Pferd komisch vorkommt, frage jemanden, der sich auskennt, oder rufe einen Tierarzt.

PULS
Den Herzschlag kannst du mit zwei Fingern zwischen den Ganaschen fühlen.
★★★

FIEBER
Ob das Pferd Fieber hat, misst man mit einem Thermometer im After.
★★★

Vielleicht lahmt dein Pferd oder es hat eine Wunde. Ist ein Pferd krank, will es nicht mehr fressen, liegt viel, ist müde und apathisch oder es will sich an bestimmten Körperbereichen nicht mehr anfassen lassen.

DIE P.A.T.-WERTE

Um zu beurteilen, ob ein Pferd krank ist, muss der Puls (P), die Atmung (A) und die Temperatur (T) überprüft werden. Diese Werte solltest du auch kennen, wenn dein Pferd gesund ist, denn nur so kannst du sie vergleichen.

- ★ Der Ruhepuls eines Pferdes liegt zwischen 28 und 40 Schlägen pro Minute.
- ★ Ein Pferd nimmt minütlich acht bis 16 Atemzüge.
- ★ Die Temperatur liegt zwischen 37,5 und 38,2 °C.

Kennst du die P.A.T.-Werte deines Pferdes? Falls nicht, überprüfe sie.

DIE HÄUFIGSTEN PFERDEKRANKHEITEN

KOLIK Bei einer Kolik hat das Pferd schlimme Bauchschmerzen. Vielleicht hat es das Futter nicht vertragen, sich nicht genug bewegt oder zu wenig Wasser getrunken? Ein kolikendes Pferd will meist nicht mehr fressen, es dreht den Kopf zum Bauch und tritt mit den Hinterbeinen dagegen. Viele Pferde schwitzen und wollen sich hinlegen. Solltest du den Verdacht auf eine Kolik bei deinem Pferd haben, ruf sofort den Tierarzt. Koliken können für Pferde sehr gefährlich sein und sogar tödlich enden.

LAHMHEIT Wenn du feststellst, dass dein Pferd lahm geht, beobachte genau, welches Bein es nicht belastet. Überprüfe das Bein auf Wunden und Schwellungen. Bei einer Schwellung fühlt sich die Körperregion meist wärmer an. Vielleicht hat es einen Tritt von einem anderen Pferd abbekommen oder sich irgendwo gestoßen? Falls es nur leicht lahmt, beobachte es ein bis zwei Tage. Sollte das Bein geschwollen sein, kannst du es mit einer kühlenden Salbe einreiben. Ist die Lahmheit nach zwei Tagen nicht verschwunden oder sollte es sehr stark lahmen, rufe die Tierärztin.

HUFREHE Hufrehe ist eine der schmerzhaftesten Erkrankungen des Pferdes. Aufgrund von falschem oder zu viel Futter oder zu viel Bewegung entzündet sich der Huf. Das Pferd geht lahm und möchte sich nicht mehr bewegen. Da die Krankheit in der Regel die Vorderhufe betrifft, steht es in der sogenannten Sägebockstellung: Es lehnt sich nach hinten und entlastet so die schmerzenden Vorderhufe. Bei Hufrehe muss sofort der Tierarzt gerufen werden. Wird sie nicht behandelt, kann sie chronisch werden. Das Pferd kann dann nicht mehr geritten werden oder muss sogar eingeschläfert werden.

MAUKE Mauke ist eine Hautkrankheit, die durch Bakterien verursacht wird. Meist tritt sie an den Fesseln der Pferde auf. Sie entsteht, wenn das Pferd auf feuchten, unsauberen Untergründen steht oder ein geschwächtes Immunsystem hat. Dann können sich die Bakterien leichter einnisten. Meist fühlst du die Mauke beim Putzen oder wenn du die Hufe auskratzt, denn die Haut wird angegriffen und es bildet sich eine harte Kruste. Manche Pferde verlieren an der betroffenen Körperstelle ihr Fell. Es hilft, wenn du die Stelle mit milder Seife, zum Beispiel einer Jodseife, reinigst und sie mit entzündungshemmender Salbe einreibst. Natürlich solltest du die Haltungsbedingungen überprüfen und dafür sorgen, dass es dein Pferd sauber und trocken hat.

SOMMEREKZEM Auch das Sommerekzem ist eine Hautkrankheit. Sie wird durch bestimmte Mücken ausgelöst, die im Sommer umherfliegen. Die Pferde reagieren allergisch auf die Stiche. Ihre Haut juckt und sie kratzen und scheuern sich teilweise wund bis auf die Haut. Besonders häufig tritt das Ekzem am Mähnenkamm und an der Schweifrübe auf. Betroffene Pferde sollten im Sommer nicht mehr auf die Weide kommen beziehungsweise nur noch mit speziellen Decken. Wenn der Juckreiz zu schlimm wird, sollte der Tierarzt gerufen werden.

VERBAND ANLEGEN
Wunden versorgt der Tierarzt und legt danach einen Verband an.
★★★

Auf dem Rücken der Pferde

3.

DIE AUSRÜSTUNG DES PFERDES

Du und dein Pferd, ihr beide braucht für das Reiten eine gute Ausrüstung. Auch die deines Pferdes solltest du kennen und verwenden können. Nur ein korrekt verschnalltes Zaumzeug und ein richtig liegender Sattel bieten euch die erforderliche Sicherheit.

NACHGURTEN NICHT VERGESSEN!

Bei englischen Sätteln kann man von oben nachgurten. Das ist praktisch.

★ ★ ★

Welchen Sattel und welches Zaumzeug du verwendest, hängt vom Ausbildungsstand deines Pferdes und deines eigenen ab. Außerdem ist die Disziplin von Bedeutung: Wollt ihr springen oder westernreiten?

DER SATTEL

Der Sattel ist meist aus Leder oder Kunststoff gefertigt. So wie es viele verschiedene Pferderassen gibt, so vielfältig sind auch die Sättel. Die in Deutschland am häufigsten verwendeten Sättel sind Western- und englische Sättel. Letztere werden unterteilt in Dressur-, Spring- und Vielseitigkeitssättel.

Die meisten Sättel bestehen aus einem Sattelbaum, der dem Sattel seine Form gibt, und einer Sitzfläche. An den Seiten befindet sich jeweils ein Sattelblatt und die Steigbügel, die mit einem Lederriemen am Sattel befestigt sind. Zu jedem Sattel gehört auch noch ein Gurt, er wird an beiden Seiten unter den Sattelblättern mit den Gurtstrupfen des Sattels verschnallt. Er hält den Sattel am Pferderücken. Um den Sattel vor Schmutz zu schützen, wird er in der Regel mit einer Satteldecke verwendet.

DIE RICHTIGE STEIGBÜGELLÄNGE Bevor du dich in den Sattel schwingst, musst du die Steigbügelriemen auf deine Länge einstellen. Halte deine Fingerspitzen hierfür an die Schnalle des Steigbügelriemens. Der Riemen sollte mit Steigbügel bis zu deiner Achselhöhle reichen. Stelle die Schnalle in das passende Loch des Steigbügelriemens ein.

NACHGURTEN NICHT VERGESSEN Der Sattelgurt muss vor dem Aufsitzen noch einmal nachgegurtet werden, denn auf dem Weg zum Reitplatz hat das Pferd sich entspannt und der Bauch ist dünner geworden. Nachdem du ein paar Runden Schritt geritten bist, solltest du ein zweites Mal nachgurten.

DAS ZAUMZEUG

Auch beim Zaumzeug gibt es viele verschiedene Arten. Die meisten Zaumzeuge haben zwei Backenriemen an den Seiten, die durch den Genickriemen verbunden sind. Stirn-, Kehl- und Nasenriemen halten das Zaumzeug besser in Position. Die Backenriemen sind an der Trense befestigt. Oft wird das ganze Zaumzeug als Trense bezeichnet, aber eigentlich handelt es sich bei der Trense nur um das Gebiss. Auch hier gibt es viele unterschiedliche Formen und Materialien. Ganz wichtig für dich sind natürlich die Zügel. Sie sind die Verbindung zwischen deinen Händen und dem Pferdemaul und beim Reiten ein wichtiges Kommunikationsmittel. Die Zügel werden an den Trensenringen befestigt.

ZAUMZEUG RICHTIG ANLEGEN

- Stelle dich links neben den Pferdekopf.
- Hänge die Zügel über den Pferdehals, damit du das Pferd festhalten kannst, falls es weglaufen will.
- Nimm das Zaumzeug in deine rechte Hand und schiebe mit deiner linken vorsichtig das Gebiss ins Pferdemaul.
- Streife behutsam das Genickstück über die Ohren und verschließe den Kehl- und Nasenriemen. Der Kehlriemen sollte so locker verschnallt sein, dass noch eine Faust dazwischen passt, beim Nasenriemen sollten es zwei Finger sein.
- Zum Schluss ziehst du den Schopf über den Stirnriemen, ordnest die Mähne, nimmst die Zügel in die Hand und los geht es.

WEITERES ZUBEHÖR

Manche Pferde tragen zum Schutz ihrer Beine Gamaschen oder Bandagen. Beim Springreiten werden oft Hufglocken verwendet, um die Hufe vor Verletzungen zu schützen. In der kalten Jahreszeit wird Pferden beim Warmreiten oder wenn sie geschwitzt haben, eine Abschwitzdecke übergeworfen. Beim Longieren wird häufig ein Kappzaum verwendet. Er hat kein Gebiss, sondern einen Ring auf dem Nasenriemen. Und natürlich brauchst du zum Longieren eine Longe, das ist eine sehr lange Leine.

DIE AUSRÜSTUNG DES REITERS

Ebenso wie dein Pferd brauchst auch du die passende Ausrüstung. Sie gibt dir mehr Stabilität und schützt dich vor Verletzungen, falls du doch mal vom Pferd fallen solltest.

DER REITHELM Der Reithelm ist unabdingbar. Du solltest ihn immer beim Reiten tragen. Er ist aus Kunststoff und schützt deinen Kopf bei Stürzen. Er muss gut passen und darf nicht rutschen.

DIE SICHERHEITSWESTE Sie sitzt sehr fest und schützt deinen Oberkörper und deine Wirbelsäule. In den meisten Reitschulen ist es allerdings keine Pflicht, sie zu tragen.

DIE REITHOSE Eine Reithose ist aus dehnbarem Material und liegt eng an deinen Beinen. An den Knien ist sie mit Kunstleder verstärkt. Außerdem hat sie an der Schenkelinnenseite keine Nähte, sodass du dir nichts aufscheuern kannst. Mit einer gut sitzenden Reithose hast du mehr Halt im Sattel.

DIE REITSTIEFEL Sie sind entweder aus Gummi oder aus Leder und schützen deine Beine. Sie geben deinem Knöchel mehr Halt und du kannst besser die richtigen Schenkelhilfen (siehe Seite 55) geben. Die Sohle ist glatt und die Stiefel haben einen kleinen Absatz, sodass du nicht durch den Steigbügel rutschen kannst. Alternativ kannst du Stiefeletten und Minichaps verwenden.

DIE REITHANDSCHUHE Sie sind aus rutschfestem Material oder haben Noppen, sodass dir die Zügel nicht durch die Hände rutschen können. Spezielle Winterreithandschuhe halten deine Hände in der kalten Jahreszeit schön warm.

Der Helm muss gut sitzen und darf nicht wackeln oder drücken.

DIE REITGERTE Mit der Reitgerte kannst du mit deinem Pferd kommunizieren und deine Hilfen verstärken. Es gibt Dressur- und Springgerten. Die Dressurgerte ist mindestens einen Meter lang, abhängig von der Länge des Pferdes. Eine Springgerte wird meist an der Schulter eingesetzt, daher ist sie kürzer. Bevor du eine Gerte beim Reiten verwendest, solltest du schon einen sicheren Sitz haben und die Reithilfen gut einsetzen können.

TIPP

IM GELÄNDE UNTERWEGS

Beim Ausritt solltest du helle oder bunte Kleidung tragen, damit dich Autofahrer oder Spaziergängerinnen gut sehen. Noch besser ist es, wenn deine Kleidung reflektierende Streifen hat, vor allem in der Dämmerung ist dies ein Muss.

GUT GERÜSTET!

In voller Montur kann es jetzt endlich losgehen.

★★★

WIR SIND PARTNER!

Du kannst mit deinem Pferd jeden Tag ganz unterschiedliche Dinge machen.

SPORT MIT PFERDEN

Mit Pferden kannst du auf vielfältige Weise Spaß haben. Der Reitsport bietet eine Vielzahl von Disziplinen, in denen Pferd und Reiter ihre Fähigkeiten unter Beweis stellen können.

DRESSURREITEN Die Dressur gehört zur Grundausbildung von Pferd und Reiter. Durch gymnastizierende Übungen werden die natürlichen Anlagen des Pferdes gefördert. Durch die Reiterhilfen soll das Pferd verschiedene Aufgaben ausführen: die Grundgangarten, unterschiedliche Bahnfiguren, aber auch schwierige Lektionen wie Seitengänge und Galoppwechsel gehören dazu.

SPRINGREITEN Springreiten hast du bestimmt schon einmal im Fernsehen gesehen. Hierbei geht es darum, dass Pferd und Reiterin einen Parcours mit verschiedenen Hindernissen absolvieren. Ziel ist es, keine Stange abzuwerfen und möglichst schnell zu sein. In der schwersten Springklasse sind die Hindernisse bis zu 1,50 Meter hoch!

VIELSEITIGKEITSREITEN Hier kommt neben der Dressur und dem Springen noch ein Geländeritt hinzu: Das Pferd muss über Gräben und Baumstämme springen und durch Wasser laufen. Das erfordert sehr viel Mut, Ausdauer und Konzentration.

VOLTIGIEREN Beim Voltigieren läuft das Pferd an einer Longe, während du akrobatische Kunststücke auf seinem Rücken vollführst. Es eignet sich sehr gut als Vorbereitung auf das Reiten, denn es fördert die Balance und Beweglichkeit.

WESTERNREITEN Diese Disziplin stammt von den Cowboys ab. Westernpferde sollten möglichst eigenständig sein. Viele Westernreiter und -reiterinnen halten die Zügel nur mit einer Hand, denn Cowboys brauchen ihre andere Hand für das Lasso zum Einfangen der Rinder.

FAHRSPORT Hiermit ist das Fahren mit einer Kutsche gemeint, die von einem oder mehreren Pferden gezogen wird. Wenn du selbst eine Kutsche fahren möchtest, brauchst du einen Kutschenführerschein.

Daneben gibt es noch sehr viele Spezialdisziplinen. Bei Isländern und anderen Gangpferderassen gibt es Gangprüfungen für Tölt & Co. Vielleicht hast du auch schon von Distanzritten, Galopprennen, Polosport oder Jagdreiten gehört?

INFO

Für fast alle Reitsportdisziplinen gibt es Turniere. Je nach Können starten Pferd und Reiter hier in unterschiedlichen Klassen.
Beim Dressur-, Spring- und Vielseitigkeitsreiten gibt es die Klassen E (einfach), A (Anfänger), L (leicht), M (mittel) und S (schwer). Beim Westernreiten unterscheidet man Leistungsklassen von eins bis vier.

Bei der Vielseitigkeit geht es im rasanten Galopp im Gelände über feste Hindernisse.

WESTERN-REITEN

FAHREN

BODENARBEIT

Neben dem Sport im Sattel gibt es noch jede Menge andere Möglichkeiten, dich mit deinem Pferd zu beschäftigen. Gerade wenn dein Pferd noch jung ist oder du erst angefangen hast zu reiten, ist Bodenarbeit wichtig. Sie macht euch beide selbstsicherer und stärkt das Vertrauen.

SPAZIEREN GEHEN

Mit einem Spaziergang förderst du deine eigene Kondition und die deines Pferdes. Ein Spaziergang entlastet den Pferderücken und reduziert Stress. Ihr könnt gemeinsam über Baumstämme klettern, neue Wege ausprobieren und Kommandos wie Anhalten üben. Das ist gut für eure Beziehung und ihr lernt euch besser kennen.

LONGIEREN

Beim Longieren läuft das Pferd an einer langen Leine, der Longe, um dich herum. Sowohl Kreise als auch ganze Bahnen sind möglich. Durch das Longieren können Pferde Kondition und Muskeln aufbauen, dies ist gerade für junge Pferde wichtig. Aber auch bereits ausgebildete Pferde freuen sich, wenn du sie ab und zu longierst. Abwechslung findet dein Pferd toll.

FRISCHE LUFT TANKEN!

Es muss nicht immer Reiten sein, ein Spaziergang ist auch eine gute Idee.

★★★

MANEGE FREI!
Pferde lernen gern mit ihrem Menschen Kunststücke.

ZIRKUSLEKTIONEN

Viele Pferde haben Freude daran, Kunststücke zu lernen. Ähnlich wie Hunden kannst du auch Pferden beibringen, Gegenstände zu apportieren, auf Kommando ein Bein zu heben oder auf ein Podest zu steigen. Deinen Ideen sind hier kaum Grenzen gesetzt. Wichtig ist, dass du deinem Pferd die Tricks in kleinen Schritten beibringst. Am besten machst du dir vorher einen Plan, wie du es ihm beibringen willst.

GELASSENHEITSTRAINING

HANDARBEIT

Die meisten Lektionen, die man reitet, kann man auch an der Hand machen. Zu Beginn fällt es Pferden sogar leichter, die Übungen erst einmal ohne das Reitergewicht zu lernen. Lektionen für den Anfang sind beispielsweise das Anhalten, Rückwärtsgehen, Antraben oder Seitwärtsgehen.

GELASSENHEITSTRAINING

Als Fluchttier neigen Pferde dazu, vor Dingen wegzulaufen, wenn sie ihnen Angst machen. Das ist für dich natürlich nicht gut. Deshalb solltest du ihnen viele verschiedene Gegenstände wie Flatterbänder und Regenschirme vom Boden aus zeigen und mit ihnen üben, damit sie ruhig und gelassen werden.

TRICK „BITTE LÄCHELN“

Für diesen Trick benötigst du ein Leckerli, außerdem solltest du dir im Vorfeld überlegen, auf welches Kommando dein Pferd „lächeln“ (flehmen) soll. Das kann die Aufforderung „Bitte lächeln“ oder „Cheese“ sein oder eine Handbewegung.
Stell dich direkt vor dein Pferd und halte ein Leckerli in deiner Hand nah an die Oberlippe deines Pferdes, bis es die Oberlippe leicht anhebt. Du kannst deine Hand leicht nach oben bewegen. Manche Pferde flehmen auch, wenn man sie zwischen den Nüstern krault. Am Anfang belohnst du jede kleine Bewegung in die richtige Richtung. Dann weitest du die Zeit langsam aus und gibst dein Kommando. Halte das Leckerli weiterhin vor die Oberlippe deines Pferdes und fordere Stück für Stück immer mehr, bis dein Pferd es verstanden hat und auf Kommando „lächelt“. Am besten übst du den Trick in mehreren Einheiten am Tag oder in der Woche.

FIT FÜRS PFERD

Es heißt nicht ohne Grund ReitSPORT. Um dich gut auf dem Pferd zu halten und dem Pferd nicht weh zu tun, brauchst du Muskeln, Balance und eine gute Koordination. Das alles kannst du auch ohne Pferd trainieren. Denn wenn es vom Boden aus nicht klappt, wird es auf dem wackeligen Pferderücken noch schwieriger.

BITTE PLATZ NEHMEN!

KANNST DU DEINE SITZBEINHÖCKER SPÜREN?

DIE RICHTIGE ZÜGELHALTUNG Hol dir hierfür ein Seil oder einen Strick und binde die Enden an eine Stuhllehne. Setze dich auf einen Stuhl dahinter und übe nun die richtige Zügelhaltung wie auf Seite 55 beschrieben. Auch die Zügelhilfen kannst du hier gut üben. Vielleicht kann jemand aus deinem Freundeskreis die Seilenden in die Hand nehmen und sich mit dem Rücken zu dir stellen. Merkt er oder sie, wenn du den Zügel anhebst oder seitlich nimmst? Wie stark musst du einwirken, bis sie oder er etwas spürt?

DEIN GEWICHT ERSPÜREN Setz dich auf einen Stuhl und schiebe deine Hände links und rechts unter deinen Po. Die zwei harten Hubbel, die du spürst, sind deine Sitzbeinhöcker. Jetzt bewege dich ein wenig hin und her, kippe dein Becken nach vorn und nach hinten, drehe die Schultern zur Seite, mach dich mal leicht und mal schwer. Was spürst du? Genau das spürt auch dein Pferd, wenn du auf ihm sitzt.

GLEICHGEWICHT SCHULEN Um deine Bauchmuskeln zu stärken und dein Gleichgewicht zu schulen, hocke dich im Vierfüßlerstand auf den Boden: Die Hände sind unter den Schultern

und die Knie unter den Hüften. Nun strecke deinen linken Arm und das rechte Bein gerade nach vorn beziehungsweise nach hinten. Streck dich, so lang wie es geht, und versuche, nicht zu wackeln. Je mehr du deine Bauchmuskeln anspannst, desto besser kannst du die Position halten. Wechsele die Seiten. Wenn das gut klappt, kannst du Arm und Bein auch unter dir zusammenziehen, sodass sich Ellenbogen und Knie berühren, und dann wieder strecken.

LUFTBALLON-BALANCE Nimm einen Luftballon und platziere ihn auf deinem Kopf. Stell dir vor, du hast den schönsten Luftballon, den du allen Menschen zeigen willst. Mach dich also so groß wie möglich und balanciere den Luftballon auf deinem Kopf. Wenn das funktioniert, kannst du auch einen Ball nehmen.

FANG DEN BALL Ballfangspiele eignen sich sehr gut, um deine Koordination und Balance zu verbessern. Schnapp dir hierfür einen oder mehrere Freunde. Für den Anfang stellst du dich in die Mitte, während die anderen in einem Kreis um dich herumlaufen, zunächst langsam, später kann auch gerannt werden. Du wirfst jemandem im Kreis den Ball zu. Es ist gar nicht so einfach, den Ball zu fangen, wenn man läuft. Wechselt euch ab.

PONYTANZ Um deine Koordination und Ausdauer zu verbessern, eignet sich auch sehr gut der Ponytanz. Auch hierfür brauchst du ein paar Freundinnen und Freunde. Du gibst Kommandos, während die anderen um dich im Kreis laufen: beide Arme in die Luft, auf dem linken Bein hüpfen, anhalten, rückwärtsgehen, Richtungswechsel, um die eigene Achse drehen, auf den Zehenspitzen laufen, rechten Arm kreisen, seitwärtslaufen … Eure Kreativität ist gefragt! Wechselt euch mit den Kommandos ab. Damit fördert ihr eure Koordination und euer Reaktionsvermögen.
Alternativ könnt ihr auch eine Abteilung ohne Pferde bilden und Hufschlagfiguren (siehe Seite 59) üben.

AUFWÄRMEN VOR DEM REITEN

Wie beim Fußballspielen ist es auch beim Reiten wichtig, dass du dich vor dem Reiten etwas warm machst und stretchst. Geh ein bisschen joggen, mach Kniebeugen, dehne deinen Oberkörper, indem du deine Arme ganz weit nach oben streckst, deine Schultern kreisen lässt. Sicherlich kennst du noch mehr Übungen aus dem Sportunterricht. Richtig aufgewärmt sitzt du viel geschmeidiger auf dem Pferd.

DER RICHTIGE SITZ

So sollst du auf dem Pferd sitzen, dann störst du es nicht in der Bewegung.

★ ★ ★

HOCH ZU ROSS

Wenn du dich gut aufgewärmt hast, kann es nun endlich losgehen: Rauf aufs Pferd! Aber wie sollst du da überhaupt hochkommen? Wie sollst du im Sattel sitzen? Und wie sagst du deinem Pferd, dass es losgehen oder wieder anhalten soll?

AUFSITZEN

Zum Aufsteigen benutzt du am besten eine Aufstiegshilfe. Das macht es dir leichter und es ist angenehmer für das Pferd. Stell dich links vom Pferd auf die Aufstiegshilfe, fasse die Zügel mit der linken Hand und stell deinen linken Fuß in den Bügel. Mit der rechten Hand fasst du hinten an den Sattel. Stoße dich nun ab und schwinge dein rechtes Bein über den Pferderücken. Setz dich vorsichtig in den Sattel, bloß nicht plumpsen! Das ist sehr unangenehm für das Pferd. Anschließend nimmst du mit deinem rechten Fuß den Bügel auf.
Um deine Koordination zu schulen und den Pferderücken nicht einseitig zu belasten, kannst du auch immer mal von der rechten Seite aufsteigen.

DER RICHTIGE SITZ

Richtig zu sitzen ist gar nicht so einfach, vor allem wenn sich das Pferd bewegt und sich alles wackelig anfühlt. Nach einigen Reitstunden wirst du dich zwar auf dem Pferd halten können, aber bis du ausbalanciert sitzt und die Hilfen richtig geben kannst, wirst du noch einiges an Übung benötigen. Aber sei nicht traurig, auch erfahrene Reiter müssen immer wieder an ihrem Sitz arbeiten. Jedes Pferd bewegt sich anders und fühlt sich zunächst ungewohnt an. Nicht umsonst heißt es: Reiten lernt man sein Leben lang.

TIPPS FÜR EINEN GUTEN SITZ:

- Richte deinen Oberkörper auf, nimm die Schultern zurück, aber bleib dabei entspannt und verkrampfe dich nicht. Stell dir vor, du willst deine Wirbelsäule so gerade und lang wie möglich machen.
- Deinen Kopf trägst du gerade und aufgerichtet. Denke an die Luftballonübung.
- Die Arme hängen seitlich am Körper hinunter.
- Die Hände trägst du gerade vor dir und bildest geschlossene Fäuste. Deine Daumen sind ein Dach.
- Deine Knie liegen fest am Sattel, klemmen aber nicht.
- Deine Unterschenkel hängen locker am Pferdbauch hinab.
- Die Steigbügel liegen unter deinen Fußballen, deine Füße zeigen leicht vom Pferd weg. Der Absatz deutet nach unten. Versuche, ihn nicht hochzuziehen.

ABSITZEN

Wer hochkommt, muss auch wieder runter. Zum Absteigen nimm deine Füße aus den Steigbügeln und schwinge ein Bein über den Sattel. Gleite vorsichtig an der Pferdeseite hinunter und lande mit federnden Knien und beiden Füßen gleichzeitig auf dem Boden.

AUFSITZEN

SCHRITT, TRAB, GALOPP

Man unterscheidet die drei Grundgangarten Schritt, Trab und Galopp. In jeder Gangart sitzt du etwas anders auf dem Pferd und musst andere Hilfen geben. Wichtig ist, dass du immer entspannt und locker bleibst, auch wenn dir der Trab am Anfang sehr wackelig und der Galopp sehr schnell vorkommt.

DER SCHRITT

Der Schritt ist die langsamste Gangart des Pferdes. Zwei oder drei Hufe berühren immer den Boden, sodass kaum Schwingung entsteht und du nicht durchgerüttelt wirst. Nur deine Hüfte schwingt leicht mit. Von oben sieht es so aus, als würde das Pferd bei jedem Schritt mit dem Kopf nicken. Lass diese Bewegung zu und gehe mit dem Zügel mit. Je nach Schrittgeschwindigkeit unterscheidet man zwischen versammeltem Schritt, Mittelschritt und starkem Schritt. Zu Beginn und am Ende der Reitstunde wird immer Schritt gegangen, um das Pferd gut aufzuwärmen beziehungsweise abzukühlen.

SCHRITT

DER TRAB

Beim Trab setzt das Pferd die Hufe diagonal ab: Es tritt mit dem rechten Vorderbein und linken Hinterbein oder dem linken Vorderbein und rechten Hinterbein gleichzeitig auf. Dazwischen gibt es eine Schwebephase, in der alle Hufe in der Luft sind. Dadurch entsteht viel Schwung und du wirst in jeder Schwebephase ein wenig hochgeworfen. Mit der Zeit wirst du den Rhythmus lernen, dich in den Schwebephasen in die Steigbügel stellen und wieder setzen. Das nennt sich Leichttraben und ist für dich und das Pferd am Anfang bequemer. Wie im Schritt gibt es im Trab den versammelten Trab, den Arbeits-, Mittel- und den starken Trab.

DER GALOPP

Der Galopp ist die schnellste Gangart. Das Pferd springt in großen Sätzen vorwärts. Auch hier gibt es eine Schwebephase, wo kein Bein den Boden berührt. Weil das Pferd so große Sprünge macht, ist es am Anfang gar nicht so leicht, die Balance zu halten. Man unterscheidet Rechts- und Linksgalopp, je nachdem, mit welchem Vorderbein das Pferd vorspringt. Neben dem versammelten Galopp, Arbeits-, Mittel- und starken Galopp gibt es auch den Jagdgalopp, die schnellste Galoppart. Rennpferde können Geschwindigkeiten von bis zu 70 Stundenkilometern erreichen.

TÖLT UND PASS

Diese Gangarten können nur spezielle Gangpferderassen wie Isländer oder Paso Finos. Der Tölt sieht aus wie ein sehr schneller Schritt. Er ist für den Reiter oder die Reiterin bequem zu sitzen. Im Pass hebt das Pferd auf einer Körperseite gleichzeitig beide Beine und setzt sie wieder ab. Im sogenannten Rennpass kann das Pferd bis zu 50 Stundenkilometer schnell laufen.

INFO

IM TAKT BLEIBEN

Gefühl, Rhythmus und Takt sind beim Reiten sehr wichtig. Gerade am Anfang ist es sinnvoll, wenn du mitzählst. Der Schritt ist ein Viertaktgang, das heißt, es gibt vier Phasen und dann beginnt wieder ein neuer Schritt. Wenn du auf Asphalt reitest, achte auf die Hufgeräusche und zähle mit: 1-2-3-4 1-2-3-4, usw. Der Trab ist ein Zweitaktgang. Wenn du mitzählst, ergibt sich ein 1-2 1-2 1-2, usw. Im Galopp ergibt sich folgender Rhythmus: pa-da-bamm, pa-da-bamm, pa-da-bamm ... Was ist es also für ein Takt? Richtig, ein Dreitakt.
Um den Takt der Gangarten besser nachzuvollziehen, kannst du dich natürlich auch hinknien und im Vierfüßlerstand selbst ein wenig traben und galoppieren.

AN DER LONGE

Du lernst dich auszubalancieren, ohne das Pferd lenken zu müssen.
★★★

DIE ERSTE LONGENSTUNDE

Nachdem du nun dein Pferd von der Koppel geholt, es gut geputzt hast, ihr beide die richtige Ausrüstung habt und du auch weißt, wie man aufsitzt, steht deiner ersten Reitstunde nichts mehr im Weg.

AN DER LONGE

Wenn du noch nie auf einem Pferd gesessen hast, wirst du wahrscheinlich an der Longe beginnen. Das Pferd kann so mit dir keinen Unfug machen und es hört auf die Stimmsignale des Reitlehrers. Du kannst dich ganz auf die Pferdebewegung konzentrieren. Schließe hierzu auch mal die Augen. Was spürst du? Wie würdest du die Bewegung des Pferdes beschreiben? Läuft es schnell oder langsam? Wie ist der Takt? Sitzt du entspannt und bequem?

Am Anfang ist es wichtig, deine Balance und Koordination in allen Gangarten zu schulen. Du kannst das Pferd beispielsweise umarmen, mit den Händen deine Zehen berühren und deine Arme kreisen lassen. Wenn dein Pferd es gewohnt ist, kannst du auch einen Ball hochwerfen und wieder auffangen.

DIE REITERHILFEN

Um deinem Pferd verständlich zu machen, was du beim Reiten von ihm möchtest, gibst du ihm feine Signale, die sogenannten Hilfen. Soll es stehen bleiben, traben oder nach rechts gehen? Die Reiterhilfen lernst du am besten zunächst an der Longe.

ZÜGELHILFEN Bei dem Einsatz von Zügelhilfen musst du besonders vorsichtig sein, denn das Pferdemaul ist sehr empfindlich. Du darfst niemals am Zügel ziehen. Halte die Zügel entspannt, aber mit geschlossener, aufrechter Faust. Versuche immer eine weiche Verbindung zum Pferdemaul zu halten. Je nach Position der Zügel und deiner Fäuste unterscheidet man die annehmende, nachgebende, durchhaltende und verwahrende Zügelhilfe.

GEWICHTSHILFEN Das Pferd muss immer im Gleichgewicht bleiben. Deshalb reagiert es sehr sensibel, wenn du auf seinem Rücken dein Gewicht verlagerst. Lehnst du dich nach links und belastest die linke Pobacke, will das Pferd auch nach links. Wenn du dein Becken abkippst und dich entspannt und schwer in den Sattel setzt, wird das Pferd langsamer. Wenn du dich mehr aufrichtest, wird es schneller. Wichtig ist, dass du immer in die Richtung schaust, in die du reiten willst. Durch die Kopfdrehung drehen sich nämlich deine Schultern mit und die Gewichtsverlagerung geschieht fast von allein.

SCHENKELHILFEN Mit deinen Unterschenkeln treibst du dein Pferd vorwärts und gibst auch die Richtung vor. Liegt dein Unterschenkel direkt am Sattelgurt, spricht man von vorwärtstreibender Schenkelhilfe. Bei der seitwärtstreibenden Schenkelhilfe liegt das Bein ein paar Zentimeter hinter dem Sattelgurt. Zu guter Letzt gibt es noch die verwahrende Schenkelhilfe, dabei liegt das Bein noch weiter hinter dem Sattelgurt, circa eine Handbreit. Diese Schenkelhilfe brauchst du zum Galoppieren.

STIMMHILFEN Die Stimme ist ein weiteres wichtiges Kommunikationsmittel. Du kannst dein Pferd damit loben, beruhigen, antreiben und vieles mehr. Viele Pferde verstehen außerdem Kommandos wie „Halt“, „Zurück“ oder „Galopp“.

STRETCHING! Mit dieser Übung wird dein ganzer Körper gedehnt. Das hilft dir beim Reiten.

So hältst du die Zügel in der Hand.

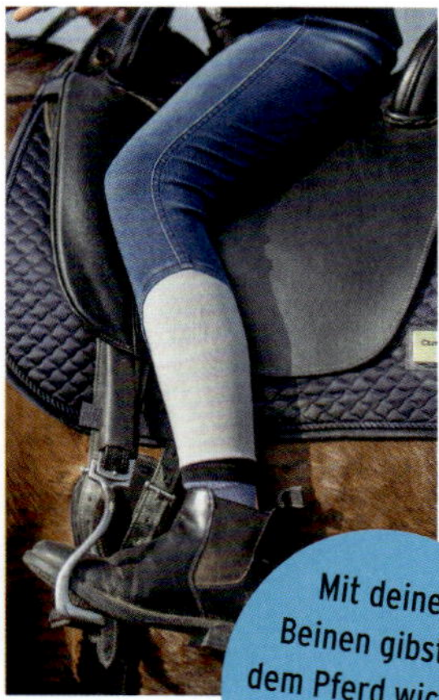

Mit deinen Beinen gibst du dem Pferd wichtige Signale.

HILFEN RICHTIG EINSETZEN

Alle Hilfen müssen immer kombiniert werden und sinnvoll zusammenwirken, damit dein Pferd sie versteht. Setze die Hilfen zunächst sehr sanft ein und warte, ob dein Pferd dich versteht. Tut es das nicht, gibst du deine Hilfen deutlicher, bis es reagiert.

DIE ERSTE REITSTUNDE

Nach einigen Trainingseinheiten an der Longe kannst du dich auf dem Pferd ausbalancieren und du kennst die Hilfen zum Anreiten, Antraben und Anhalten. Nun kannst du dein Pferd zum ersten Mal selbstständig auf dem Reitplatz reiten. Wie aufregend!

Du lernst nun die Reiterhilfen kombiniert anzuwenden und wirst die feine Kommunikation mit deinem Pferd immer weiter verbessern. Hierfür wirst du verschiedene Übungen und (Hufschlag-)Figuren reiten. Außerdem gibt es in der Reithalle oder auf dem Reitplatz auch Regeln, die man einhalten muss.
An der Seite der Reitbahn befinden sich Buchstaben, damit du weißt, wo eine Dressurlektion beginnen und enden muss. Diese Bahnpunkte sind auf der ganzen Welt gleich und wurden schon bei der Olympiade vor 100 Jahren verwendet. Da die Buchstaben aber nicht in der Reihenfolge des Alphabets stehen, musst du sie dir irgendwie anders einprägen. Dazu hilft es, sich einen Satz mit den jeweiligen Anfangsbuchstaben, wie sie in der Reitbahn aufeinanderfolgen, zu merken. Einen Beispielsatz findest du auf Seite 59, du kannst dir aber natürlich auch einen eigenen Satz ausdenken.

„Durch die ganze Bahn wechseln" ist eine der ersten Hufschlagfiguren, die du lernst.

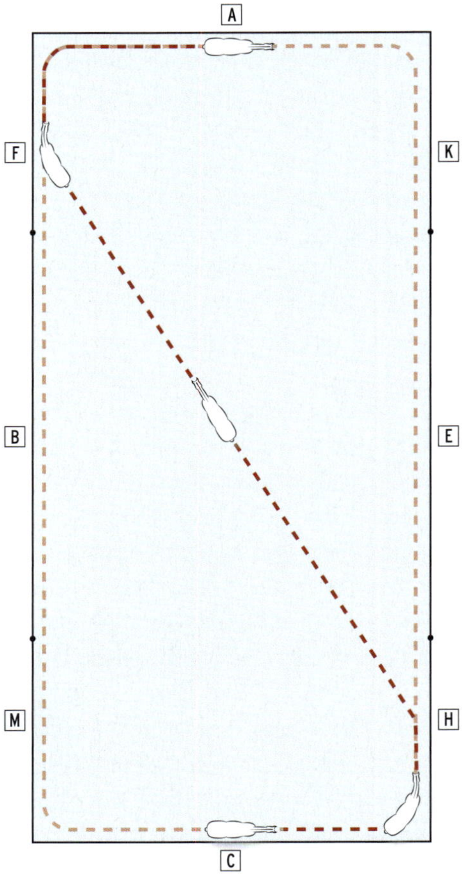

WICHTIG:
Immer wieder loben! Nicht erst am Ende der Reitstunde.

★ ★ ★

DIE BAHNREGELN MUSS JEDER REITER KENNEN.

DIE BAHNREGELN

Auf dem Reitplatz gibt es auch andere Reiter. Damit es nicht zu Zusammenstößen kommt, halte dich immer an folgende Regeln. Sie gelten auf jedem Reitplatz und in jeder Reithalle:

- Wenn du den Reitplatz betrittst oder verlässt, rufe laut „Tür frei!“ und öffne erst, wenn dir jemand antwortet mit „Tür ist frei!“.
- Auf- und abgestiegen wird immer in der Zirkelmitte.
- Wenn du deine Jacke oder die Abschwitzdecke deines Pferdes ausziehen und über die Bande legen willst, rufe laut „Bande frei!“ oder „Hufschlag frei!“.
- Wer Schritt reitet, muss immer den ersten Hufschlag, das heißt die äußerste Reitspur, freihalten.
- Vorfahrt haben immer Reiter, die linksherum reiten. Wenn du also auf der rechten Hand trabst, musst du nach innen ausweichen.
- Gerade Linien haben Vorfahrt vor gebogenen Linien, das heißt, wenn du auf dem Zirkel reitest, musst du einer Reiterin, die ganze Bahn reitet, den Hufschlag freilassen.
- Reite nie zu eng an anderen vorbei und halte genügend Abstand zum Reiter vor dir.
- Reite vorausschauend und nimm Rücksicht.
- Nach dem Reiten entferne die Äppel deines Pferdes.

Wenn dir etwas nicht klar ist, frage immer jemanden, der sich auskennt.

innen/außen, rechts/links

In der Reitstunde wirst du immer wieder Anweisungen hören, in denen von innen und außen und rechter und linker Hand die Rede ist. Innen ist da, wo die Platzmitte ist; außen ist da, wo der Zaun oder die Bande ist.
Geritten wird „auf Händen“, das heißt, wenn deine linke Hand zur Bahnmitte zeigt, reitest du auf der linken Hand.

DIE HUFSCHLAGFIGUREN

Hufschlagfiguren sind festgelegte Wege über den Reitplatz. Mit ihnen lernst du deine Reiterhilfen richtig einzusetzen, außerdem tun sie deinem Pferd gut, denn es wird hierbei gymnastiziert. Der Hufschlag ist übrigens die Spur, in der das Pferd läuft. Durch die vielen Hufabdrücke entsteht ein Hufschlag. Der Hufschlag außen an der Bande ist der erste Hufschlag, daneben ist der zweite Hufschlag usw.

Hufschlagfiguren:

- Ganze Bahn
- Auf dem Zirkel
- Durch die ganze Bahn wechseln
- Durch die Länge der Bahn wechseln
- Volte
- Aus der Ecke kehrt
- Schlangenlinien
- Aufmarschieren

Die Hufschlagfiguren beginnen und enden immer an bestimmten Bahnpunkten. Das sind Buchstaben, die auf Schildern an der Bande oder am Zaun befestigt sind. Du musst sie dir gut einprägen. Diese Eselsbrücke hilft dir dabei: Charly, mein Bock, frisst alles: Karotten, Einstreu, Heu.

Schlangenlinien gibt es in verschiedenen Formen von einfach bis schwer. ★★★

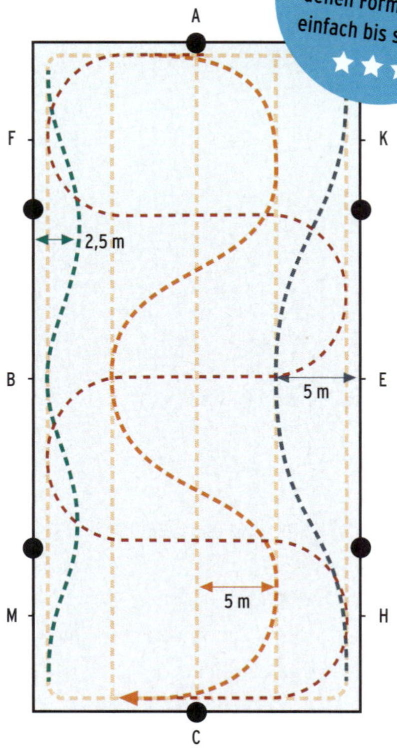

INFO

DER RICHTIGE ABSTAND

Manche Pferde mögen es nicht, wenn andere Pferde zu dicht an ihnen dran sind, und treten aus. Daher solltest du immer eine Pferdelänge Abstand halten: Wenn du zwischen den Ohren deines Pferdes die hinteren Hufe des vorauslaufenden Pferdes siehst, hast du eine Pferdelänge Abstand. Im Trab oder Galopp sollte der Abstand noch größer sein, da der „Bremsweg“ länger ist.

DER RICHTIGE ABSTAND

PASST AUF! Rücksicht auf andere Menschen zu nehmen ist natürlich selbstverständlich. ★★★

DER ERSTE AUSRITT

Endlich! Nachdem du lange genug auf dem Reitplatz geübt hast und nun sicher auf dem Pferd sitzt, die Hilfen kannst und dein Pferd diesen folgt, könnt ihr raus ins Gelände reiten. Es gibt fast nichts Schöneres, als mit seinem vierbeinigen Freund in der Natur unterwegs zu sein.

Aber auch im Gelände gibt es einige Regeln zu beachten, schließlich seid ihr hier nicht allein und es können immer wieder unerwartete Situationen eintreten.

NIEMALS ALLEIN Am Anfang wird dich deine Reitlehrerin begleiten. Wahrscheinlich werdet ihr in einer Gruppe mit mehreren Pferden unterwegs sein. Bei deinem ersten Ausritt ist es sogar sinnvoll, dass ein anderer Reiter dein Pferd führt, schließlich ist alles neu für dich und du wirst sicherlich aufgeregt sein. Aber auch mit reichlich Ausreiterfahrung solltet ihr mindestens immer zu zweit ausreiten. Sollte ein Reiter stürzen, so kann der andere ihn versorgen und Hilfe holen.

GEMEINSAM
Es ist besser, zusammen auszureiten. Das macht auch mehr Spaß als allein!

VERKEHRSREGELN

- Auf einigen Straßen ist das Reiten verboten: Achtet auf Verkehrsschilder.
- Wenn ihr auf Wald- und Wiesenwegen unterwegs seid, gibt es in Deutschland je nach Bundesland unterschiedliche Regeln. Informiere dich vorher. Meistens darf nur auf Wegen geritten werden, die mindestens drei Meter breit sind.
- Reitet niemals über Wiesen oder Äcker.
- Straßen lassen sich nicht immer vermeiden. Ihr müsst auf der Straße reiten, nicht auf dem Gehweg. Reitet immer am rechten Straßenrand und hintereinander.
- Müsst ihr eine Straße überqueren, gebt den Autofahrern ein Handzeichen und bleibt als Gruppe zusammen. Als Herdentier trennt sich das Pferd ungern von seinen Freunden und kann Angst bekommen.
- Sollte dein Pferd innerhalb einer Ortschaft äppeln, entferne die Pferdeäppel.
- Kommt euch jemand auf dem Fahrrad oder zu Fuß entgegen, reitet im Schritt an ihm vorbei.
- Sei immer aufmerksam und schaue, ob es vielleicht etwas gibt, wovor dein Pferd erschrecken könnte: ein frei laufender Hund, ein Reh im Wald oder ein Traktor.

DER LEICHTE SITZ Im Gelände wird immer „leicht" geritten. Im Trab wird leicht getrabt, und galoppiert wird im leichten Sitz; dies entlastet den Pferderücken und du kannst dich besser an die unterschiedlichen Bewegungen anpassen. Im Gelände können die Wege nämlich etwas uneben sein, so dassdas Pferd mal einen größeren Sprung macht. Den korrekten leichten Sitz solltet ihr vorher auf dem Reitplatz üben.
Außerdem solltet ihr immer den Bodenverhältnissen angepasst reiten, also nicht auf matschigen oder harten Böden galoppieren.

JUCHHE!
Pferde finden es viel schöner, draußen zu galoppieren als in der Halle. Sie sind dann gern auch mal schneller als sonst.

Das Glück der (Pf)erde

4.

FEST IM SATTEL – UND NUN?

Dein Sitz ist ausbalanciert, du kennst die Reiterhilfen und weißt sie einzusetzen? Du kannst auf dem Zirkel reiten, und auch Schlangenlinien durch die ganze Bahn sind dir geläufig? Sehr schön! Dann stehen euch nun neue Möglichkeiten offen, damit dir und deinem vierbeinigen Partner nicht langweilig wird.

BEINE HOCH!
Cavalettis kann man auf unterschiedliche Höhen einstellen.
★ ★ ★

SPRINGEN

Kleine Hindernisse sind Gymnastik, sowohl für dich als auch für das Pferd. Zunächst geht es über eine oder mehrere Stangen oder Cavalettis, das sind Stangen, die an einem Kreuz oder Block befestigt sind. Hier übst du weiter an deiner Balance und Koordination, denn zusätzlich zu den ganzen Hilfen, die du deinem Pferd gibst, musst du immer das Hindernis beziehungsweise die Stange im Blick haben und möglichst gerade darauf zureiten. Wenn du mehrere Cavalettis gut in allen drei Gangarten schaffst, kannst du dich an deinen ersten Sprung wagen. Du wirst merken, dass es kein großer Unterschied zum Cavaletti ist, denn die ersten Sprünge sind nicht hoch. Reite immer im leichten Sitz, halte den Rhythmus und gehe mit der Pferdebewegung mit.

Auch für dein Pferd ist die Springgymnastik gut. Es lernt seine Beine zu heben und zu koordinieren und Abstände einzuschätzen.

REITEN OHNE ZAUMZEUG

Auf dem Pferd zu sitzen und keine Zügel in der Hand zu halten, ist ein sehr komisches Gefühl. Wie sollst du lenken? Wie gut, dass du auch noch Gewichts-, Schenkel- und Stimmhilfen anwen-

den kannst. Das Reiten ohne Zaumzeug verbessert wunderbar deinen Sitz und die Kommunikation mit deinem Pferd. Ein zügelunabhängiger Sitz ist nämlich ein wichtiges Ziel beim Reiten. Vielleicht ist es auch einmal möglich, dass du dich ohne Sattel auf dein Pferd setzt? Das solltest du nicht zu oft machen, denn es ist nicht gesund für den Pferderücken, aber das Fell unter deinem Po und die Atmung des Pferdes zu spüren, gibt dir ein ganz neues Körpergefühl.

REITPRÜFUNGEN

Kennst du dich, sowohl was den Umgang mit Pferden als auch das Reiten betrifft, gut aus, kannst du deine erste Reitprüfung ablegen. Beim sogenannten Pferdeführerschein musst du beweisen, dass du die Theorie beherrschst, das heißt, du weißt, was ein Pferd frisst, wie es gehalten werden soll und welche Krankheiten es gibt. In einer praktischen Prüfung musst du zeigen, wie Pferde geputzt und gesattelt werden, und du musst in allen drei Grundgangarten reiten und zeigen, dass du die Hilfen kennst und dein Pferd kontrollieren kannst.

Im Anschluss an den Pferdeführerschein kannst du noch diverse Reitabzeichen erlangen. Hierfür musst du später auch springen und auf Turnieren reiten.

WANDERRITT

Ein Wanderritt ist ein sehr langer Ausritt. Entweder dauert er einen Tag und ihr kommt wieder am Reitstall an oder ihr und eure Pferde übernachtet auf einem anderen Reiterhof. Das ist natürlich doppelt aufregend. Zwischendurch gibt es immer wieder Pausen zum Picknicken und Ausruhen. Vielleicht reitet ihr an einem Bach vorbei und könnt diesen durchqueren?

Für einen Wanderritt musst du die Verkehrsregeln kennen und eine sehr gute Kondition haben, sonst tut dir schnell der Po weh.

REITERSPIELE

Bei Reiterspielen absolvierst du verschiedene Geschicklichkeitsübungen mit und ohne Pferd. Sie bringen viel Abwechslung und jede Menge Spaß. Zudem sind sie eine tolle Möglichkeit, dein Pferd besser kennenzulernen und gegenseitiges Vertrauen aufzubauen.

SPIELE MIT PFERD

WASSERSCHÖPFEN Insbesondere im Sommer bietet dieses Spiel eine schöne Abkühlung. Ihr bildet zwei Teams. In gut 20 Metern Abstand stellt ihr einen Eimer mit Wasser und einen leeren Eimer auf. Nun reitet ihr mit eurem Pferd zum vollen Eimer, steigt ab, schöpft Wasser in einen Pappbecher, steigt wieder auf, reitet zum anderen Eimer und leert dort das verbliebene Wasser aus eurem Becher hinein. Anschließend reitet ihr zurück zu eurem Team und übergebt den Becher an die Nächsten. Welche Mannschaft am Schluss das meiste Wasser im anfangs leeren Eimer hat, gewinnt. Für dieses Spiel sollten Pferde und Reiter nicht wasserscheu sein, denn nass werden bestimmt alle.

SLALOMREITEN Bei dieser Geschicklichkeitsübung müsst ihr durch einen Pylonenslalom reiten. Damit es nicht zu einfach wird, könnt ihr ohne Zaumzeug reiten oder ein Ei auf einem Löffel balancieren. Welches Team ist am schnellsten und macht die wenigsten Fehler?

WASSER-SCHÖPFEN

VERKLEIDUNG Reiterspiele machen noch mehr Spaß, wenn ihr euch schöne Kostüme bastelt und euch verkleidet. Damit könnt ihr sicherlich Extrapunkte gewinnen. Wichtig ist, dass ihr trotz Verkleidung feste Schuhe und einen Helm tragt.

STANGEN-L Beim Stangen-L legt ihr mit Stangen ein L auf den Boden. Nun müsst ihr einmal vorwärts durch das L und die scharfe Kurve reiten und anschließend rückwärts. Das Pferd darf dabei nicht über die Stangen treten.

WÄSCHE AUFHÄNGEN An einer langen aufgespannten Wäscheleine steht ein Korb mit Wäsche. Aufgabe ist es, mit eurem Pferd zum Korb zu reiten und die darin befindlichen Socken, T-Shirts und Hosen ordentlich mit Klammern auf der Wäscheleine aufzuhängen. Wer ist schnell und trotzdem ordentlich?

SPIELE OHNE PFERD

SPRINGPARCOURS Damit ihr besser nachfühlen könnt, wie leicht oder schwer es für ein Pferd ist, über Hindernisse zu springen, baut ihr euch einen kleinen Parcours auf, bildet zwei Teams und springt los. Das schnellste gewinnt. Ihr werdet merken, dass man dabei ganz schön schnell ins Schwitzen kommt.

STRIEGEL Ihr sucht euch einen Teampartner und verbindet ihr oder ihm die Augen. Anschließend putzt ihr sie oder ihn mit den verschiedenen im Putzkasten befindlichen Pferdebürsten. Euer Partner muss raten, welche Bürste ihr gerade benutzt. Anschließend wird getauscht und du musst raten.

APFELTAUCHEN Bei diesem Spiel kannst du entweder gegen einen anderen Reiter antreten oder auch gegen dein Pferd. In einem mit Wasser gefüllten Eimer schwimmt jeweils ein Apfel. Wer kann schneller tauchen und den Apfel mit dem Mund fangen? Du oder dein Pferd?

LECKERLIZEIT Timing ist beim Umgang mit Pferden sehr wichtig. Auch beim Loben: Verstreicht zu viel Zeit, versteht das Pferd nicht, wofür es gelobt wird. Bei diesem Spiel könnt ihr an eurem Timing arbeiten. Stellt euch paarweise mit prall gefüllten Leckerlitaschen gegenüber auf und werft euch einen Ball zu. In der Mitte steht ein Eimer. Sobald ihr den Ball gefangen habt, holt ihr ein Leckerli aus der Tasche und werft es in den Eimer. Hierfür habt ihr drei Sekunden Zeit. Eure Mitspielerin zählt mit: „... 21, 22, 23 ..." Wer am Ende die meisten Leckerlis innerhalb der drei Sekunden in den Eimer geworfen hat, gewinnt.

Wer beißt schneller in den Apfel? ★★★

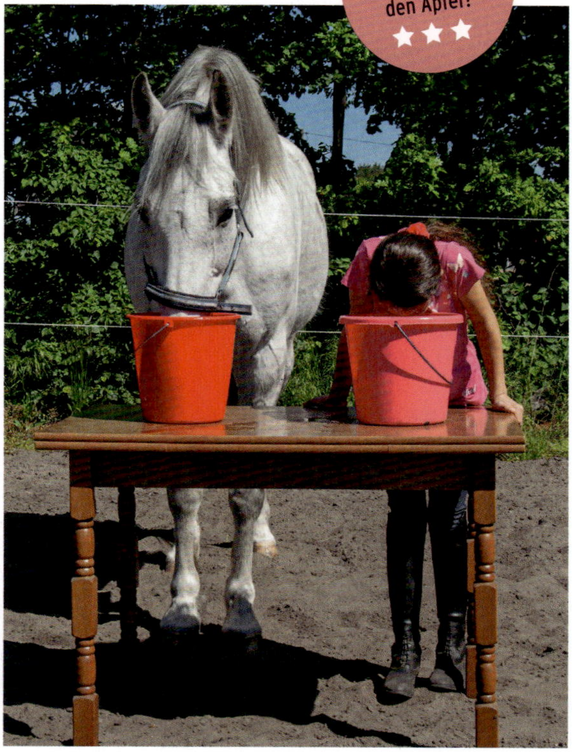

DER ERSTE STURZ – UMGANG MIT ANGST

Reiten ist eine schwierige Sportart. Du brauchst Kraft, Koordination, Balance und musst sehr viele Sachen gleichzeitig umsetzen. Und dann ist da noch dieses andere Lebewesen, ein Fluchttier, was erschrecken und bei Angst immer weglaufen kann.

Reiten kann manchmal auch frustrierend sein, wenn etwas nicht so funktioniert, wie es soll, oder du im schlimmsten Fall vom Pferd fällst. Aber sei unbesorgt, so geht es nämlich allen mal, und jeder Reiter oder jede Reiterin ist schon einmal vom Pferd gefallen. Am Ende wird dich das Reiten mutiger und selbstbewusster machen.

LUST UND FRUST

Es gibt Tage, an denen einfach gar nichts klappen will. Vielleicht lief es in der Schule nicht gut, es gab Ärger mit den Eltern oder der kleine Bruder hat genervt, dann kommst du schon frustriert im Reitstall an. Vielleicht bringen dich die Stallluft und deine zwei- und vierbeinigen Freunde auf andere Gedanken und alles ist wieder gut. Jedoch kann dein Pferd deine schlechte Stimmung auch spüren, denn wir wissen ja, dass Pferde Meister der feinen Kommunikation sind. Es verhält sich anders, denn sonst kennt es dich nur fröhlich. Es will dir nicht den Huf geben, legt die Ohren an und beim Reiten reagiert es nicht auf deine Schenkelhilfen oder will nur losrennen. Dein Frust steigt noch mehr. Akzeptiere solche Tage und vergiss sie ganz schnell wieder. Wenn es geht, mach nur kleine Dinge mit dem Pferd, vielleicht spazieren gehen und grasen lassen. Das ist auch sehr schön und entspannt. Danach sieht die Welt vielleicht schon wieder rosiger aus.
Auch beim Reiten wird es Phasen geben, in denen du in jeder Unterrichtsstunde große Fortschritte machst, und Zeiten, in denen es nicht so klappt. Sei geduldig und erfreue dich an den Dingen, die du schon kannst.

DEINE FREUNDIN, DIE ANGST

Angst hat eine wichtige Funktion: Sie schärft deine Sinne und schützt dich vor Gefahren. Es ist also ok, wenn du ein bisschen ängstlich bist, bevor du ein fremdes Pferd reitest oder das erste Mal galoppierst. Dadurch bist du aufmerksamer und handelst überlegter. Wichtig ist nur, dass die Angst nicht zu groß wird. Taste dich langsam an neue Situationen heran. Ein fremdes Pferd kannst du auch erst einmal nur beobachten, putzen oder spazieren führen, bevor du es reitest.
Wenn du vom Pferd gefallen bist, setze dich wieder drauf, lass dich vielleicht von einer Person führen und reite erstmal nur Schritt. Überlege, wovor sich dein Pferd erschreckt haben könnte. Oder hast du vielleicht zu viel mit dem Schenkel getrieben, sodass es losgerannt ist? Du kannst dir überlegen, in der nächsten Reitstunde lieber eine Sicherheitsweste anzuziehen. Akzeptiere die Angst als deine Freundin, die dich beschützt, und lerne mit ihr umzugehen. Gib dir Zeit, du wirst erfahrener und mutiger werden.

RASANT!
Der Galopp ist eine gesprungene Gangart. Du brauchst dich nicht zu schämen, wenn dir das anfangs unheimlich ist.
★★★

TIPPS FÜR DEN UMGANG MIT FRUST UND ANGST

- Sei nicht zu ehrgeizig.
- Versuche nicht, deine Freunde oder andere mit deinen Reitkünsten zu beeindrucken, dann funktioniert es meist nicht.
- Vergiss nicht, dass jeder Reiter mal frustriert ist und auch schon einmal vom Pferd gefallen ist. Deine Reitlehrerin bestimmt auch.
- Gib niemals dem Pferd die Schuld, wenn etwas nicht klappt. Überlege, was du falsch gemacht haben könntest.
- Gib dir und deinem Pferd Zeit und sei geduldig.
- Nicht vergessen: Freude frisst Frust.

REITEN LERNEN, ABER WO?

Es gibt viele Möglichkeiten, wie und wo du den Umgang mit Pferden und das Reiten erlernen kannst. Ein Sprichwort besagt: „Auf dem Rücken der Pferde liegt das Glück dieser Erde." Jedoch nur, wenn du das Reiten und den Umgang mit Pferden richtig lernst. Hierfür gibt es verschiedene Möglichkeiten.

REITSCHULE Eine gute Reitschule zu finden, ist gar nicht einfach. Stelle folgende Fragen: Geht es nur um das Reiten oder lernt ihr auch, ein Pferd zu putzen und richtig mit ihm zu kommunizieren? Schreit die Reitlehrerin euch an oder ist sie ruhig und beantwortet alle Fragen? Wie groß sind die Gruppen? Je kleiner die Gruppe, desto intensiver wird gearbeitet und desto mehr kannst du lernen. Gibt es Gruppen für Anfänger und Fortgeschrittene? In einer guten Reitschule sollten die Schüler den gleichen Leistungsstand haben. Wie ist die Stallgemeinschaft? Fühlst du dich wohl? Sind die anderen Reiterinnen und Reiter nett?
Zudem ist es wichtig, wie die Pferde gehalten werden. Haben sie ausreichend Heu? Kommen sie auf die Weide oder stehen sie nur in der Box? Hat jedes Pferd sein eigenes Zaumzeug und seinen eigenen Sattel? Wirken sie zufrieden? Du weißt, es ist wichtig, dass Pferde viel Kontakt zu Artgenossen haben und sich bewegen können, dann sind sie gesünder und ausgeglichener.
Du solltest eine Reitschule unbedingt öfter besuchen und beim Reitunterricht zuschauen, um dir ein besseres Bild machen zu können. Deine Eltern sollten dich begleiten.

WIR 2!

Ein Reitbeteiligungspferd ist fast schon wie ein eigenes Pferd.

Der Unterricht findet in vielen Reitschulen in der Gruppe statt.

Hast du ein Pflegepferd, lernst du es im Laufe der Zeit immer besser kennen.

REITFERIEN Wohnst du mitten in der Stadt und es gibt keine Reitschule in der Nähe? Viele Reitställe bieten in den Ferien auch Reitfreizeiten an. Du wohnst dann auf dem Reiterhof und ihr könnt euch mehrmals am Tag mit den Pferden beschäftigen. So lernst du die Pferde und die Arbeit auf einem Reiterhof noch besser kennen.

PFLEGEPFERD Kennst du dich im Umgang mit Pferden schon ein wenig aus, besteht die Möglichkeit, eine Pflegebeteiligung für ein Pferd zu übernehmen. Wie der Name verrät, bist du dann für die Pflege zuständig, das heißt putzen, füttern, aber auch Bodenarbeit ist möglich. Je nach Absprache mit dem Pferdebesitzer kannst du dich mehrmals in der Woche um das Pferd kümmern.

REITBETEILIGUNG Hast du schon genügend Reiterfahrung und bist verantwortungsvoll, kannst du dir auch eine Reitbeteiligung suchen. Das ist fast wie ein eigenes Pferd. Neben der Pflege und der Versorgung des Pferdes kannst du es reiten, entweder im Unterricht oder allein. Vielleicht darfst du auch ausreiten? Mit der Besitzerin vereinbarst du am besten schriftlich, was du alles darfst und wie oft. Als Gegenleistung beteiligst du dich an den Kosten. Um eine Reitbeteiligung zu finden, frage in Reitställen nach oder schau im Internet.

DAS EIGENE PFERD Wer träumt nicht davon, ein eigenes Pferd zu besitzen? Die intensive Beziehung, die du zu deinem eigenen Pferd aufbauen kannst, ist etwas Einmaliges. Ihr geht zusammen durch dick und dünn. Aber ein eigenes Pferd bringt auch viel Verantwortung mit sich. Du musst dich genau informieren: Welches Futter braucht es und wie viel? Welche Impfungen braucht ein Pferd? Wie oft muss der Hufschmied kommen? Wenn es krank ist, musst du es täglich versorgen und ihm Medikamente geben.

Dies alles kostet Geld. Neben dem Preis, den du beim Kauf für das Pferd bezahlst, kommen monatliche Kosten für die Stallmiete hinzu. Auch Futter, Tierarzt, Versicherungen, Ausrüstung, Impfungen, Wurmkuren und Hufschmied kosten viel Geld. Pferde sind ein sehr teures Hobby.

Bevor du ernsthaft über die Anschaffung eines eigenen Pferdes nachdenkst, solltest du schon über ausreichend Pferde- und Reiterfahrung verfügen.

ORDNUNG IST DAS HALBE LEBEN – ARBEITEN IM REITSTALL

Zur Pflege eines Pferdes gehört nicht nur das Putzen. In einem Reitstall fallen noch viel mehr Arbeiten an wie Ausmisten, Abäppeln, Fegen, Futterzubereitung, Lederpflege, Zaunbau und Wiesenpflege. Aber Arbeit macht ja bekanntlich Spaß.

AUSMISTEN UND ABÄPPELN Wie wir Menschen mögen Pferde es in ihrem Zuhause sauber und trocken. Steht dein Pferd in einer Box, muss sie täglich ausgemistet werden: Die Pferdeäppel sowie das nasse und dreckige Stroh müssen mit einer Mistgabel entfernt werden und frisches Stroh muss eingestreut werden.

Steht dein Pferd draußen auf einem Paddock, muss dieser täglich abgeäppelt werden, das heißt, die Kothaufen müssen ent-

Das Leder muss regelmäßig gefettet werden, damit es geschmeidig bleibt.

fernt und mit einer Schubkarre auf den Misthaufen gebracht werden.

FEGEN Stallgasse, Putzplatz und befestigte Wege auf dem Reiterhof müssen ebenfalls sauber gehalten werden. Stell dir vor, alle putzen ihr Pferd am Putzplatz, aber niemand fegt den Schmutz aus Hufen und Fell zusammen? Das ist nicht schön, und wie an jedem anderen Ort auch solltest du deinen beziehungsweise den Dreck deines Pferdes auffegen, Dinge, die du benutzt hast, wieder aufräumen und den Platz so sauber hinterlassen, wie du ihn vorgefunden hast.

FUTTER ZUBEREITEN Pferde fressen die meiste Zeit des Tages. Je nachdem, wie oft und intensiv ein Pferd trainiert wird, braucht es noch Kraft- und Mineralfutter. Die Portionen für jedes Pferd müssen abgewogen und vorbereitet werden. Die Futtertröge müssen nach dem Benutzen gereinigt werden. Die Heunetze aufzufüllen ist auch eine Aufgabe, die im Reitstall täglich anfällt.
Gibt es in deinem Reitstall keine automatischen Tränken müssen die Wassereimer täglich mit frischem Wasser aufgefüllt werden.

WIESENPFLEGE Wie bereits auf Seite 29 erwähnt, müssen die Wiesen, auf denen die Pferde weiden, gepflegt werden. Sie müssen auf Giftpflanzen kontrolliert, und diese müssen entfernt werden. Auch der Zaun muss geprüft werden: Sind Litzen gerissen, stehen noch alle Pfähle? Pferdeäppel sollten regelmäßig entfernt werden, damit das Gras wachsen kann. Ist eine Weide abgefressen, muss der Zaun umgesteckt werden.

LEDERPFLEGE Der Sattel und das Zaumzeug benötigen gute Pflege, sie müssen geputzt und mit Lederbalsam eingerieben werden. Nach jedem Reiten sollte die Trense mit Wasser gereinigt werden. Falls das Pferd geschwitzt hat, solltest du Sattelgurt und -decke zum Trocknen aufhängen. Alle paar Wochen wird mit Sattelseife, Wasser und einem das Zaumzeug und der Sattel geputzt. Anschließend reibst du es mit einem Lappen und Lederfett ein. So bleibt das Leder lange geschmeidig und haltbar.

INFO

ARBEITSEINSATZ IM REITSTALL

In einigen Reitställen gibt es jedes Jahr Arbeitseinsätze. Das sind Tage, an denen die ganze Stallgemeinschaft zusammenkommt und gemeinsam im Stall einen Grundputz macht. Spinnweben an der Decke werden entfernt, Wände neu gestrichen, Futter- und Sattelkammer werden gefegt und gewischt. Zusammen macht die Arbeit nämlich viel mehr Spaß. Vielleicht gibt es nach getaner Arbeit ja auch noch ein gemeinsames Kuchenessen oder einen Grillabend?

Service

SCHAU MAL REIN!

YEAH

SUPER

ZUM WEITERLESEN

WEITERE PFERDEBÜCHER DES KOSMOS-VERLAGS

HIER IST NOCH MEHR LESESTOFF RUND UM PFERDE UND REITEN:

Hansen, Annica: **#Ponyliebe – Mein Leben mit den Pferden.** Kosmos 2019

Hansen, Annica: **#Ponyliebe – Mein Leben in 33 Listen.** Kosmos 2021

Hölzel, Petra / Schöffmann, Britta: **Pferdeführerschein Umgang.** Kosmos 2020

Hölzel, Petra / Schöffmann, Britta: **Pferdeführerschein Reiten.** Kosmos 2020

Kessel, Carola von: **Das große Kosmos Pferdelexikon.** Kosmos 2021

Mein Pferdequiz**. 634 Fragen für echte Pferdefans.** Kosmos 2021

TIPP

TOP

ZUM WEITERKLICKEN

BÜCHER ÜBER PFERDE UND REITEN

Tolle Pferdebücher findet ihr in unserem Online-Shop unter kosmos-pferd.de

Wollt ihr euch über Neuigkeiten rund um das Thema Pferde und Reiten informieren? Dann abonniert unsere Facebook- und Instagram-Kanäle: kosmos.pferd

DIE DEUTSCHE REITERLICHE VEREINIGUNG (FN)

Dieser Verband fördert das Reiten für Kinder und Jugendliche.

Dort könnt ihr euch informieren:

pferd-aktuell.de/breitensport/reiten-lernen/reiten-fuer-kinder

REITERFERIEN

Reitenlernen in den Ferien? Auch das ist möglich.

reiten-weltweit.de/kinderreitferien

BASTELN

Ihr sucht Bastelideen? Dann schaut mal hier rein:

https://www.kosmos.de/spielware/basteln/alleskoennerkiste/10318/pferde-kreativbox

TIPP

WOW!